GOLDMANN
ESOTERIK

Buch

»Das I GING der Zahlen« verbindet den Erfahrungsschatz des uralten chinesischen Orakelspiels mit der Magie der Zahlen und astrologischer Weisheit. Charakter und Schicksal, Gegenwartsanalyse und Zukunftsprognose können mit dem »I GING der Zahlen« auf völlig neue, verblüffend treffsichere Weise ermittelt werden. Bernd A. Mertz, Fachbuchautor und Astrologe, legt schlüssige Synthesen von I GING, Numerologie und Astrologie vor – ein neuer Ansatz, der *jedem* ermöglicht, aufgrund von Name und Geburtstag zu seinem persönlichen I GING-Zeichen zu finden und hilfreiche Antworten auf Fragen für alle Lebensbereiche zu bekommen. Die Interpretation der 64 I GING-Zeichen wurde für dieses Buch nach modernen psychologischen Kriterien neu erarbeitet.

Autor

Bernd A. Mertz, geboren 1924, arbeitete zunächst als Dramaturg und Regisseur, als Autor und Reporter für den Rundfunk, bevor er begann, sich intensiv mit Psychologie und Astrologie zu beschäftigen. Inzwischen hat er sich seit langen Jahren hauptberuflich der Astrologie zugewandt, sich als Autor von über zwanzig Fachbüchern und Seminarleiter bundesweit einen Namen gemacht.

Bernd A. Mertz

DAS I-GING DER ZAHLEN

Die Magie der Zahlen und die Weisheit
des Ostens geben praktische Ratschläge
für die Gestaltung des Lebens und der Zukunft

GOLDMANN VERLAG

Originalausgabe

Der Goldmann Verlag
ist ein Unternehmen der Verlagsgruppe Bertelsmann

Made in Germany · 7/90 · 1. Auflage
© 1990 by Wilhelm Goldmann Verlag, München
Umschlaggestaltung: Design Team, München
Grafiken: Christiane Eisler
Satz: Uhl + Massopust, Aalen
Druck: Elsnerdruck, Berlin
Verlagsnummer: 11860
Lektorat: BL/Micheline Rampe
Herstellung: Gisela Ernst
ISBN: 3-442-11860-3

Inhalt

I GING:
Das Zeichen der
Wandlungen

Grundwissen aller Orakel
»Die Antwort, die du suchst,
ist längst vorhanden:
Sie ruht in dir selbst«

Wozu dieses Buch

Je »fortschrittlicher«, je »technischer« unsere Welt sich zeigt, je mehr Computer dem Menschen dienen, um so stärker wird die Sehnsucht nach Weisheit, nach traditionellem Wissen, nach dem Schatz der Erfahrungen. Die alten Quellen werden wieder gesucht, und der Blick wird nach innen gewendet, weil der Mensch heute zwar als Individuum wie nie zuvor gefordert wird, dabei aber die Bindung zum Alten, zum Bewährten verloren hat.

Seit Jahrzehnten ist dieser Drang spürbar, und immer mehr Menschen suchen Erkenntnis und Rat auch im Wissen fremder Regionen.

Eine Quelle der Erkenntnis wurde durch Richard Wilhelm gefunden: das I GING – das Buch der Wandlungen.

Zu Anfang des Jahrhunderts entdeckte Wilhelm dieses chinesische Weisheitsbuch. Durch seine einfühlsame Übersetzung hat es bei uns seinen Platz gefunden und wird seither genutzt und geachtet. Das I GING bedeutet auch für uns unsterbliches Wissen und ewige Weisheit, die Jahrtausende überlebt und auch heute noch viel zu sagen haben. Von Generation zu Generation hat sich das I GING verändert, doch das berührte nie den Kern der Aussagen. Erfahrungen und Geschichte spiegeln sich in diesem Buch, während modische Erscheinungen abprallten. Die Arbeit mit dem I GING ist daher immer zeitgemäß, wenn das Wissen der Jahrtausende nach dem Erscheinen des Weisheitsbuches mitberücksichtigt wird.

In der vorliegenden Arbeit wird das I GING mit dem Erfahrungsschatz der Astrologie und dem Wissen über die Magie der Zahlen verbunden, ohne daß der Leser etwas davon verstehen muß. Diese drei Disziplinen in einem hier für jeden verständlich darzustellen, ist der Sinn dieses Buches.

Gebrauchsanweisung zum
I GING der Zahlen

(Kurzfassung)

»Das I GING der Zahlen« verbindet auf leicht anwendbare
Weise das uralte chinesische Orakel mit der Magie der Zahlen
und astrologischem Wissen.

Das Geburtsdatum des Fragestellers, sein Name, die jeweilige
Frage und eventuell ein Fragedatum werden anhand eines einfachen Schlüssels in Zahlenwerte und danach in einstellige Quersummen umgewandelt. Diese führen zu den 6 Strichen der
I GING-Hexagramme sowie zu 2 weiteren Antworthinweisen.
Statt also Münzen oder Schafgarbenstengel zu werfen, um eines
der klassischen 64 I GING-Zeichen zu erhalten, verwendet man
hier Namen, Daten und die Fragethemen selbst, um zu den 6
Strichen eines Hexagramms zu gelangen.

Die 6 Striche eines I GING-Zeichens oder Hexagramms
werden bekanntlich von unten nach oben ermittelt und eingetra-
gen. Im »I GING der Zahlen« bedeuten gerade einstellige Zahlen
durchbrochene oder »Yin«-Striche, ungerade Zahlen durchge-
zogene oder »Yang«-Striche; die 6 und die 9 sind jeweils
»Wandlungsstriche«.

Der 1. Strich wird von der Quersumme des Geburtsdatums
des Fragestellers bestimmt;

der 2. Strich von der Quersumme der Zahlenwerte des Namens des Fragestellers;

der 3. Strich von der Quersumme des 1. und 2. Strichs.

Dieser erste Teil, auch Trigramm genannt, stellt die Ausgangslage dar.

Der 4. Strich wird von der Quersumme des Fragedatums gebildet (z. B. Geburtsdatum eines Freundes, Heirats- oder Geschäftstermin, Prüfungstag etc.);

der 5. Strich von der Quersumme der Zahlenwerte des Themas (z. B. Name des Partners, Bezeichnung des Fragethemas wie »Heirat«, »Geschäft«, »Entscheidung«, »Prüfung«, »Krise« etc.);

der 6. Strich schließlich wird von der Quersumme des 4. und 5. Strichs bestimmt.

Dieses 2., obere Trigramm stellt die Frageabsicht dar. Beide zusammen bilden eines von insgesamt 64 I GING-Zeichen, die für dieses Buch völlig neu – modern und psychologisch fundiert – interpretiert wurden. Darüber hinaus führen die Quersummen des unteren und des oberen Trigramms zu zwei weiteren, astrologisch charakterisierten Aussagen.

Wenn Sie das System – auch anhand der folgenden ausführlichen Beschreibung und Beispiele – einmal »durchschaut« haben, werden Sie es in kreativer und vielfältiger Weise in Ihrem persönlichen Lebenskreis einsetzen können.

Das I GING

»Alles wandelt sich – folglich auch das I GING«

»I GING (oder I CHING)« heißt übersetzt: das Buch der Wandlungen. Das chinesische Zeichen »I« bedeutet in etwa Chamäleon, also eine Echse, deren Aussehen sich wandeln kann. Das Zeichen »GING« weist nicht nur auf ein Buch allgemeiner Art hin, sondern auf ein Buch, das als Vorbild dienen soll. Wir würden von einem kanonischen Buch sprechen, hier wird also besonders die innere Logik im Ablauf der Wandlungen betont.

Das I GING wird als das älteste Buch der Menschheit bezeichnet, und es ist mit Sicherheit viel älter als das Alte Testament. Seinen Ursprung schreiben die Historiker dem chinesischen Herrscher Fu Hi zu, der der Legende nach im 3. Jahrtausend vor Christus gelebt hat, also noch zu Zeiten des Matriarchats. Er soll auf einem Schildkrötenpanzer die Anordnung der acht Trigramme und der 64 Hexagramme entdeckt haben.

In diesen fast vorgeschichtlichen Zeiten gab es nur wenige sittliche und gesellschaftliche Ordnungen wie heute. Die Menschen kannten nur ihre Mutter – nicht aber ihren Vater.

Man kämpfte, um zu überleben, aß, was bekömmlich war, kleidete sich in Schilf und Tierhäute und trank auch das Blut der Tiere. Da kam – so heißt es in einer Legende – Fu Hi, blickte zum Himmel, betrachtete dessen Bilder, blickte nieder, betrachtete die Vorgänge auf der Erde und begann das Leben zu ordnen.

Die Ordnung beruhte auf Himmels- und Naturbeobachtungen, denn sie orientierte sich sowohl am Lauf der Gestirne am Himmel wie am Wachstum von Pflanzen, Tieren und Menschen auf der Erde und den Gesetzmäßigkeiten der Natureindrücke, die sich wiederholten.

Von Fu Hi, seinen Mitdenkern und Nachfolgern, wurden

Muster dargestellt, die immer mehr auf die Menschen bezogen wurden; langsam entwickelte sich ein Familien- und Staatsleben mit allen Folgen von Liebe, Eifersucht, Handel und Politik, Krieg und Frieden, Ehrgeiz und Faulheit.

Doch es wurde nie vergessen, daß alles vom Himmel kam, das Wetter, Wärme und Kälte, Tag und Nacht, der ewige Wechsel von Geburt und Tod, von Jugend und Alter, und daß dies alles einer steten Wandlung unterlag. Aus dieser Zeit dürfte der Spruch stammen: »Niemand steigt zweimal in denselben Fluß.«

Fu Hi vereinte Mann und Frau – so heißt es weiter –, schuf Gesetze in dem Wissen um die ewigen Wandlungen und entwarf acht Zeichen, um die Welt zu regieren. Diese acht Zeichen nennen wir Trigramme, weil sie aus je drei Linien bestehen.

Zwei Trigramme ergeben ein Hexagramm, also ein Bild aus sechs Linien, wovon wir 64 kennen. Die Zahl 64 ergibt sich aus der Multiplikation der Zahl Acht (die Anzahl der Trigramme) mit sich selbst. In der Deutung ordnet man die Trigramme in einem einfachen Koordinatensystem an. Die zwei Trigramme

Trigramme Obere ▶ Untere ▼	Kiën	Dschen	Kan	Gen	Kun	Sun	Li	Dui
	1	34	5	26	11	9	14	43
	25	51	3	27	24	42	21	17
	6	40	29	4	7	59	64	47
	33	62	39	52	15	53	56	31
	12	16	8	23	2	20	35	45
	44	32	48	18	46	57	50	28
	13	55	63	22	36	37	30	49
	10	54	60	41	19	61	38	58

Übersicht zur Auffindung der Hexagramme

16

werden einmal waagerecht, von links nach rechts gelesen, einmal senkrecht von oben nach unten. Bei jeder Befragung sind zwei Trigramme notwendig, die meist verschieden sind. Das untere finden wir in der senkrechten, das obere in der waagerechten Reihe. Der Kreuzungspunkt der gedachten Linien ergibt die gesuchte Zahl.

Heißt das untere Trigramm z. B.: ▬▬▬ ▬ ▬

das obere: ▬ ▬ ▬ ▬

Man folgt den beiden gestrichelten Linien und findet die Zahl 55.

Es sei jetzt schon erwähnt, daß man immer von unten nach oben geht. Das, was man zuerst wirft oder berechnet, entspricht den unteren Trigrammen. Das Trigramm, das danach geworfen oder berechnet wird, ist in der oberen Reihe nachzuschauen.

Wie sich nun alles wandelt, wandelte sich auch das I GING im Lauf der Geschichte. Die erste entscheidende Wandlung soll durch König Wen, den Gründer der Dschou-Dynastie, erfolgt sein, als er seine Erläuterungen zu den 64 Hexagrammen niederschrieb. Durch seine Arbeit wurde das I GING allgemeingültiger und verständlicher. Es erfaßte nun fast alle politischen und gesellschaftlichen Dimensionen, ohne daß der mythische Gehalt verlorenging. Immer mehr Menschen konnten diese Texte verstehen und auch weitergeben. Das Buch der Weisheit wurde allen zugänglich. Die Legende sagt, daß König Wen Gefangener des tyrannischen Kaisers Dschou Hin war. Während dieser Haft sah er die Bildschrift der Tri- und Hexagramme an den Kerkerwänden.

Dies wühlte ihn so auf, daß er nun seine Kommentare zu den Dreier- und Sechser-Linien verfaßte.

So entstanden die *Urteile*. Unter diesen Umständen gingen die Kommentare des Königs Wen in die Geschichte des I GING ein. Als dann sein Sohn Wu eine Rebellion anführte und dadurch Dschou Hin vom Thron fegte, wurde Wen wieder Herrscher und brachte mit seinem Sohn, der Herzog von Dschou geworden war, seine Interpretation zu Ende.

Das I GING wandelte sich weiter, denn viele andere große

Geister arbeiteten an den Texten, wie unter anderen Kung-tse. Aber auch der ehrwürdige Philosoph Konfuzius (551 bis 479) beschäftigte sich mit diesem Weisheitsbuch, das nun schon auf eine lange Tradition zurückblicken konnte.

Große Teile seines Lebens verbrachte er mit der Erprobung des I GING. Man erzählt, daß er dabei dreimal die Lederriemen durchscheuerte, die die Bambustäfelchen zusammenhielten, auf denen der Text vermerkt war. Sein Ziel war es, Irrtümer zu vermeiden und in der Interpretation fehlerlos zu werden.

Laotse (chinesischer Philosoph, 6. Jahrhundert vor Christus, Begründer des Taoismus) bezog die himmlischen Zeichen, das Eingebundensein in den Kosmos, mit in den Taoismus ein. Daher auch die Erkenntnis, »daß alles seinen eigenen Gegensatz in sich trägt«.

Dies zeigen der Himmel, Tag und Nacht, Voll- und Neumond (früher Dunkelmond). Dazu gehört auch die Lehre, daß Geburt Tod bedeutet, wie im Tod bereits der Keim zum neuen Leben zu finden ist. Das Tao (Dau) ist daher nach Laotse für den Menschen der einzig vernünftige, gangbare Weg, der seiner Natur und der Natur der kosmischen Kräfte entspricht.

Tao bedeutet Tor oder Pfad. Durch das Tor oder den Pfad gelangen alle Dinge ins Innere, zum Kern – zum »Allerheiligsten« würden die Ägypter sagen. Daher befindet sich im Zustand der Gnade, wer durch das Tao weiterkommt.

Bei den Entscheidungen, die auf diesem Weg zu treffen sind, kann das Buch der Wandlungen, das I GING, entscheidend helfen, weil es den Fragenden die gerade wirksamen Tendenzen des Kosmos offenbart. Hier also findet das I GING die direkte Berührung mit der Astrologie, der Lehre vom Sonnengang durch die Zeiten. In Deutschland machten C. G. Jung und Richard Wilhelm das I GING bekannt. Beide zogen auch Parallelen zum abendländischen Denken. Jung bezeichnete die Weisheiten des I GING als archetypische Weisheiten und folgerte, daß in diesem Buch das Wissen um das kollektive Unbewußte enthalten sei.

Außerdem sah er in diesen, zum Teil orakelhaften, Aussagen die Grundlage der Erfahrungen kosmischer wie menschlicher Wandlungen.

Das I GING gibt Antworten auf große wie auf kleine Fragen, auf zurückliegende Ereignisse wie auf zukünftige Entwicklungen. Wie uns das I GING heute vorliegt, handelt es sich mehr um ein Nachschlagewerk, um einen Leitfaden, den im Grunde jeder benutzen kann. Dazu bedarf es kaum erfahrener oder weiser Geister. Man bildet zunächst seine eigenen zwei Trigramme. Die alten Chinesen nahmen dazu Stengel der »heiligen Pflanze«, wie man die Schafgarbe einst bezeichnete.

Heute werden *drei gleiche Münzen* genommen, die in einer Hand geschüttelt und dann auf den Tisch geworfen werden.

Dann werden die Münzen ausgewertet. Jede Münze, die mit dem Kopf/dem Symbol nach oben fällt, erhält den Wert 3.

Jede Münze, deren Zahl nach oben fällt, bekommt den Wert 2.

Die drei Werte werden addiert.

Möglich sind: dreimal Kopf = dreimal drei gleich neun;
zweimal Kopf = zweimal drei = sechs plus einmal Zahl = zwei = acht;
einmal Kopf = drei plus zweimal Zahl = vier = sieben;
dreimal Zahl gleich dreimal zwei = sechs.

Dabei ist wichtig zu wissen, daß die ungeraden Zahlen dem Yang-Prinzip entsprechen und die geraden dem Yin-Prinzip. Yang stellt das eher Männliche dar, das Yin-Prinzip drückt die weiblichen Seiten aus. Yang und Yin sind jedoch eine Einheit.

Die Linien mit den Werten »Neun« und »Sieben«, also die mit den *ungeraden* Zahlenwerten, werden *durchgehend* —— gezeichnet, die Linien mit den *geraden* Zahlenwerten werden *geteilt* – – gezeichnet. Die durchgehenden Linien sind die Yang-Linien, die durchbrochenen Linien sind die Yin-Linien.

Dabei können sich – je nach Meinung der Autoren, Übersetzer oder Interpreten – die durchgehende Linie mit dem Wert Neun in eine durchbrochene Linie, die mit dem Wert Sechs in eine durchgehende Linie verwandeln.

Worauf beruht nun dieses Prinzip der Wandlung?

Wurf	Zahlenwert	Linie
	(3+3+3) 9 Altes Yang	—————O—————
	(3+3+2) 8 Neues Yin	——— ———
	(3+2+2) 7 Neues Yang	————————
	(2+2+2) 6 Altes Yin	——— X ———

Das alte Münzenorakel

Das I GING unterscheidet stets zwischen dem Neuen und dem Alten, wobei das Alte dem Neuen zu weichen hat.

Die Linien, die aus den Zahlenwerten drei mal drei entstehen, also wenn dreimal die Köpfe nach oben gefallen sind, befinden sich am Ende ihrer Entwicklung, sie sind zu einseitig geworden. Daher wird diese Linie mit einem »o« gekennzeichnet. Sie muß sich von einer durchgehenden Linie in eine geteilte Linie wandeln. Linien mit dem Zahlenwert neun gelten als *altes* Yang.

Umgekehrtes gilt für die geteilte Linie, die auf dem Zahlenwert Sechs beruht und die in der Mitte bei der Teilung deswegen mit einem »X« gekennzeichnet ist. Diese Linie gilt als *altes* Yin. So muß sie sich in eine durchgehende Yang-Linie wandeln, da die geteilte Linie auf dem Wert von drei Zahlen beruhte – folglich auch einseitig geworden war.

Also muß sich das männliche Yang (durchgehende Linie) in ein weibliches Yin (geteilte Linie) wandeln, während sich eine geteilte, weibliche Yin-Linie in eine männliche Yang-Linie zu wandeln hat.

Da sich das I GING, das wir vorstellen, stets in sich wandelt (durch Änderung eines Namens etwa oder eines erfragten Datums), steht es jedem Benutzer *frei*, diese Wandlung vorzunehmen. Empfehlenswert ist sie, da die Wandlung eines Trigramms darauf hinweisen kann, daß sich zuerst – vor einer Entscheidung – der Fragende (oder die Person, nach der gefragt wird) ändern sollte. Wir stellen *beide* Möglichkeiten vor.

Es liegt *allein* beim Ausübenden, ob er *für* oder *gegen* eine Wandlung der Linien ist.

Hat nun jeder auf diese einfache Weise sein Hexagramm gefunden, dann braucht nur noch nachgeschlagen zu werden. Manche Bücher bringen sehr ausführliche Orakelsprüche, manche begnügen sich mit stichwortartigen Hinweisen. Aber immer enthalten diese sogenannten Orakelsprüche Hinweise zur Selbsterkenntnis. Sie sind die Wegweiser für das eigene Handeln. Insofern erinnern diese Weisheiten schon sehr an die Sprüche der Priesterinnen und Priester der alten Orakelstätten.

Doch es wird nicht wahrgesagt, es handelt sich um Verhaltensregeln, die es verdienen, beachtet zu werden.

Unser Weg jedoch soll ein anderer sein. Obwohl auch wir die 64 Kernweisheiten beachten wollen, führt unser Weg weiter zurück in die archetypische Vergangenheit, als die Menschheit ihre ersten Erfahrungen machte.

Ausgangspunkt sind auch hier die acht Trigramme. Acht, die Zahl der Unendlichkeit, die Zahl der himmlischen Venus.

Die Zahl Acht zeigt aber auch die Himmelsrichtungen mit ihren Verbindungen an. Also nicht nur Osten, Süden, Norden und Westen, sondern auch Südosten, Südwesten, Nordosten und Nordwesten. Diese Achtteilung ist uralt und galt einst auch für die Astrologie in bezug auf Tierkreisabschnitte und Häuser, und heute noch zählen wir in der Astrologie acht Planeten, da Sonne und Mond strenggenommen keine Planeten sind, sondern als Lichter bezeichnet werden.

Die Beschreibungen der acht Trigramme klingen sehr poetisch, fast dichterisch. Hier kommt das allgemeine Harmoniebestreben der Chinesen zum Ausdruck.

Es sind nicht nur die Jahreszeiten, sondern auch die acht Winde zu sehen:

Der Wind aus dem Osten »Dschen«, der Wind aus dem Südosten »Sun«, der Wind aus dem Süden »Li«, der Wind aus dem Südwesten »Kun«, der Wind aus dem Westen »Dui«, der Wind aus dem Nordwesten »Kiën«, der Wind aus dem Norden »Kan« sowie der Wind aus dem Nordosten »Gen«.

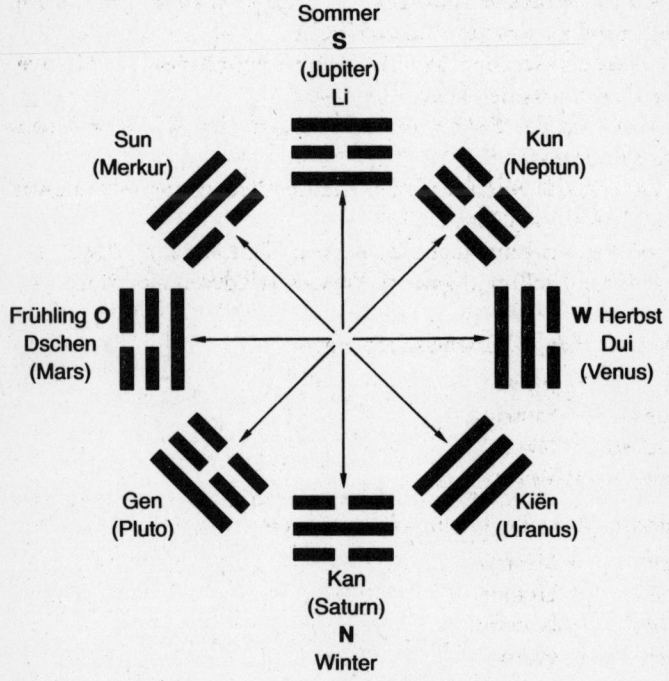

Die acht Trigramme und die Himmelsrichtungen
mit Jahreszeiten und Planetenbeziehungen

Wir zeigen die ursprüngliche Anordnung, bei der wie in der Astrologie der Süden oben liegt, da im Süden die Sonne ihren höchsten Stand erreicht. Wer will, mag nun die acht Trigramme mit den acht Planeten (ohne die Lichter Sonne und Mond) gleichsetzen.

»*Li*« bedeutet: die Wärme, das Feuer, der Sommer, das Licht. Dies entspricht in der Astrologie der höheren Stufe der Sonne, dem *Jupiter*.

»*Kan*« dagegen, der Gegenpol bedeutet: das Abgründige, das Wasser, der Winter. Entspricht also der höheren Stufe des Mondes, dem *Saturn*.

»*Dschen*« bedeutet: die Erschütterung, der Blitz, der Anfang, der Frühling, was auf *Mars* hinweist.

»*Dui*« als Gegenpol zum Dschen ist der Herbst, das Heitere, der Dunst, was der *Venus* entspricht.

»*Sun*« ist das Sanfte, das Eindringen, der Wind, was dem *Merkur* entspricht.

»*Kiën*«, das Schöpferische, versinnbildlicht die höhere Stufe des Merkur, den *Uranus*.

»*Kun*«, das Empfangende, ist dem *Neptun* zugeordnet.

»*Gen*«, der Berg, kann mit *Pluto* gleichgesetzt werden.

Die vier Haupt-Himmelsrichtungen:

Li   = Jupiter
Kan   = Saturn
Dschen = Mars
Dui   = Venus

Die vier Zwischen-Himmelsrichtungen:

Sun   = Merkur
Kiën   = Uranus
Kun   = Neptun
Gen   = Pluto

Selbstverständlich ist es nicht einfach möglich, einen Kulturkreis auf den anderen zu übertragen, da muß sich manches wandeln, ehe wir das I GING aus abendländischer Sicht betrachten können, damit es für uns Gültigkeit hat.

Wenden wir uns dem »abendländischen« I GING zu. Der beste Weg dazu führt über die Magie der Zahlen – also über die

Numerologie. Zwar nicht über die Kabbala mit den 22 Zeichen des hebräischen Alphabets, sondern über die pythagoräische Richtung, die auch das Abendland von Ägypten bis Griechenland beeinflußte. Diese Zahlenbedeutungen ähneln in oft verblüffender Weise den Zahlenhinweisen des alten China.

Auf die Acht wurde schon hingewiesen, auch bei uns liegt ja nach der Acht die Neun, die bereits auf das Neue hinweist, am Ende der einstelligen Zahlen, zumal die Neun ja jeden Wert der anderen einstelligen Zahlen deutlich respektiert, ihn nicht verändert, weder durch Addition oder Multiplikation: Die Quersumme bleibt stets die gleiche, und allein darauf kommt es an.

Beispiel:
$4 + 9 = 13 =$ Quersumme 4
$13 + 9 = 22 =$ Quersumme 4
9 mal $7 = 63 =$ Quersumme 9
8 mal $9 = 72 =$ Quersumme 9

Zur Entstehungsgeschichte des deutschen I GING heißt es bei Richard Wilhelm: »Sie waren zu *acht*, die Zahl der Unsterblichen in China (und Richard Wilhelm gehörte dazu).

Einem alten Brauch folgend, versammelten sie sich während der Wintermonate *neun*mal in Abständen von *neun* Tagen (also über 81 Tage hinweg, was auch die Quersumme neun ergibt). Es galt das *Neue* zu besprechen, etwa ob der kürzlich eingeführte Sonnenkalender zu billigen sei.

Die Treffen waren darüber hinaus ein Symbol des Neuen, denn diese Tsingtauer Zusammenkünfte erfolgten ein Jahr, nachdem die alte Mandschu-Regierung die Abdankung des Kaisers verkündet hatte, und sie führten zur zwanglosen Begründung der Konfuziusgesellschaft. Diese beruhte allem Anschein nach auf uralter, verwurzelter Tradition.«

Wilhelm hatte seine Übersetzung von Laotse 1910 beendet.

C. G. Jung, der eindringlich auf das I GING in der Übersetzung von Richard Wilhelm aufmerksam machte und der sich für eine Übersetzung in englischer Sprache einsetzte, betonte jedoch auch, daß es nicht angebracht sei, alles an geistigem Wissen aus dem Fernen Osten wortwörtlich zu übernehmen. Er wandte sich gegen diejenigen, die dem westlichen Wissen den Rücken kehren, um sich östlicher Mystik hinzugeben. Das müsse, so sagte Jung, zu einer kläglichen Imitation führen. Die Gefahr, sich dann in dem Dunst von Wörtern und Begriffen zu verlieren, sei gegeben.

Die Chinesen kennen das Wort:

»Wenn aber ein verkehrter Mann die rechten Mittel gebraucht, so wirkt das rechte Mittel verkehrt.«

Dies bejahte Jung, und er warnte vor dem Verzicht auf das eigene Wissen. Westliche Nachahmung kann tragisch sein, wenn die eigenen Wurzeln bei dieser Nachahmung verleugnet werden.

Jung selbst war jedoch vom I GING begeistert, und er studierte es intensiv, um die Weisheiten zu verstehen und um diese dann praktisch anwenden zu können. Er bewunderte die Treffsicherheit der psychologischen Bilder in den 64 Hexagrammen.

Die psychologischen Urbilder des Abendlandes (denken wir an Ödipus und den nach ihm benannten Komplex) finden wir dagegen weniger in uralten Weisheitsbüchern als in den Mythen aus Babylon, Ägypten, Griechenland und Rom. Diese Mythen stellen eine derart herausragende Psychologie der menschlichen Seele, der menschlichen Handlungen und Fehlleistungen dar, daß die moderne Psychologie dem kaum Gleichwertiges entgegensetzen kann.

Die Wurzeln der Mythen des Abendlandes, die im Orient und rund um das Mittelmeer entstanden, kreisten um den Himmel und waren in den Sternmythen verankert. Damit sind wir bei der Astrologie.

Wir können jedoch unsere Astrologie nicht nach China verpflanzen, denn unsere astrologischen Planetensymbole sind aus dem hiesigen Kulturraum erwachsen.

Doch wenn die Chinesen ihr I GING aus der Beziehung zwischen Himmel und Erde herauskristallisiert haben, dann muß es doch eine Verbindung geben.

Die Brücke sind die Zahlen der Planeten, damit die Numerologie. Jeder Planet wird mit einer Zahl identifiziert, was wir als bekannt voraussetzen, doch hier noch einmal die Zusammenstellung:

Sonne	= 1	Merkur	= 6
Mond	= 2	Uranus	= 7
Mars	= 3	Venus	= 8
Jupiter	= 4	Neptun	= 9
Saturn	= 5	Pluto	= 0

Die Namen der einzelnen Hexagramme sind in den verschiedenen Übersetzungen unterschiedlich, manchmal verkehren sie sich sogar ins Gegenteil. Das liegt sicher daran, daß es vom I GING viele Quellen und Überlieferungen, aber noch mehr Übersetzungen gibt, die im Laufe der Zeit zu unterschiedlichen Interpretationen führten. Mancher tiefe ursprüngliche Sinn konnte sicher weder von englischen noch von deutschen Übersetzungen erfaßt werden. Dies scheint nicht weiter hinderlich für uns zu sein, da es ja – wie bei jedem Orakel – nicht auf das Wortwörtliche, sondern auf den Sinn ankommt, den jeder individuell für sich herausfinden muß.

Selbst die tabellarische Übersicht, die uns zu den Numerierungen der Hexagramme führte, ist nicht immer dieselbe, wenn auch diejenige, die wir vorgestellt haben, die beliebteste ist.

Der Suchende geht davon aus, daß das untere Trigramm, daß auf der senkrechten Achse liegt, eher das Erdbezogene der Gegenwart reflektiert, also die Ausgangssituation, während die waagerechte Anordnung uns eher die Zukunft erschließt, also das, was kommen wird, was »in den Sternen steht«.

Ausgangspunkt ist immer die präzise Frage. Auch das I GING kann nur auf klare Fragen klare Antworten geben. Jeder kann nun – gerade bei unserer Methode – Fragen stellen, wie er will. Banale wie lebenswichtige Fragen. Dabei ist festzustellen, daß die Antworten um so tiefer sind, je wichtiger die Frage ist. Es lohnt sich also, vorher über die Fragen nachzudenken, sollen die Antworten wirklich den Weg in die Zukunft weisen.

Namensindex der Hexagramme von 1 bis 64

Die Erstellung der Tri- und Hexagramme aufgrund der Magie der Zahlen

Alles im Kosmos hat einen Zahlenwert. Die Numerologie ist als grundlegende Wissenschaft anzusprechen. Ohne das Zählen konnte nichts festgehalten, geordnet oder gegliedert werden.

Zuerst war das Zählen, damit kamen die Zahlen auf, deren magischer Gehalt – denken wir nur an die Zahlen der Planeten – bis heute seine Gültigkeit hat. Alles hat seinen Zahlenwert, jedes Wort, jede Aussage, jeder Begriff, jeder Buchstabe.

Um aber auf einen Zahlenwert zu kommen, brauchen wir die Umsetzung der einzelnen Buchstaben des Alphabets in eine Zahl. Dazu gab es immer den kabbalistischen und den pythagoräischen Schlüssel. Wir benutzen den Schlüssel nach Pythagoras.

1	2	3	4	5	6	7	8	9
A	B	C	D	E	F	G	H	I
J	K	L	M	N	O	P	Q	R
S	T	U	V	W	X	Y	Z	

Umrechnungstabelle für Buchstaben in Zahlen

Mit Hilfe dieses Schlüssels ist nun jedes Wort, jeder Name, jeder Begriff leicht in Zahlenwerte umzuwandeln, wobei das Endergebnis immer nur eine Einzelzahl (mit Ausnahme der Zahlen mit einer folgenden Null – also 10 – 20 – 30 etc.) sein darf.

Man muß folglich bei Additionen immer die Quersumme bilden.

Für die Deutung benutzen wir sechs Linien.

Erinnern wir uns: Die *ungeraden* Zahlen ergaben *durchgehende* Linien, die *geraden* Zahlen dagegen *geteilte* Linien.

Da wir mit Zahlen arbeiten, wollen wir sie hier genau unterteilen.

Um das Hexagramm, das aus zwei Trigrammen besteht, ordentlich aufzustellen, müssen wir bedenken, daß die erste Linie, die wir suchen, stets die unterste Linie darstellt. Damit hier keine Verwechslungen aufkommen, numerieren wir die *Linien* der Hexagramme mit *römischen* Zahlen von I bis VI.

Das Ausgangs-Trigramm, das wir später in der senkrechten Anordnung suchen, besteht aus den Linien römisch I – II – III.

Das Zukunfts-Trigramm, das wir später in der waagerechten Anordnung suchen, besteht aus den Linien, die wir mit den römischen Zahlen IV, V und VI beziffern. Diese sechs römischen Zahlen stehen *immer vor* den Linien. Sie haben also nur die Funktion, die richtige Anordnung zu erleichtern.

Da sich alle Linien über Quersummen errechnen, schreiben wir *hinter* die Linien die jeweils entsprechenden Schluß-Quersummen hin. Diese Quersummen werden dann am Ende pro Trigramm noch einmal addiert, so daß wir auch zur Quersumme der jeweils zwei Trigramme kommen. Diese Quersummen sind nur für die Trigramme interessant, *nicht* für das Hexagramm.

Beginnen wir die Erstellung eines Hexagramms mit der Errechnung der ersten Linie (I), also der untersten Linie des unteren Ausgangs-Trigramms.

Bevor wir rechnen, sei festgehalten:

Haben wir als Endzahl eine 10, 20, 30 etc., gilt nur die erste Ziffer, die Null fällt weg.

Berechnungsbeispiel:

Da sowohl die Zahlenmagie wie die Astrologie und das I GING jeweils eng mit dem Kosmos zusammenhängen, beginnen wir *stets* beim Geburtsdatum des oder der Fragenden.

Name der Fragenden: Marita Habicht – geboren am 5. 4. 1939.

Geburtsdatum: 5. 4. 1939. Dies ergibt die Quersumme:

$5+4 = 9+1 = 10+9 = 19+3 = 22+9 = 31$

$31 = 3+1 = 4$.

4 ist eine gerade Zahl, also wird eine geteilte Linie gezogen, die sieht dann so aus: I _____ _____ 4

Vorne die Numerierung der Linie, hinten die Quersumme.

Zur zweiten Linie nehmen wir den *Gebrauchsnamen*.

$\quad$ M $\quad$ a $\quad$ r $\quad$ i $\quad$ t $\quad$ a $\qquad$ H $\quad$ a $\quad$ b $\quad$ i $\quad$ c $\quad$ h $\quad$ t

$\quad 4+1+9+9+2+1 \quad + \quad 8+1+2+9+3+8+2 = 59$

$59 = 5+9 = 14 = 1+4 = 5$

5 ist eine ungerade Zahl, so wird die Linie durchgehend gezeichnet, dies sieht dann so aus: II _____ 5

Bisheriges Bild also: II _____ 5

$\qquad\qquad\qquad$ I _____ _____ 4

Die dritte Reihe wird nun aus den Quersummen der ersten (I) Reihe und der zweiten (II) gebildet: Also (I) 4+ (II) 5 = 9.

9 ist eine ungerade Zahl, folglich: III _____o_____ 9

Das Ausgangstrigramm sieht also so aus:

III _____o_____ 9

$\;$ II _____ 5 $\;$ 9

$\;$ I _____ _____ 4

Jetzt ziehen wir die Quersumme aus den Summen der Linien.

Also: $4+5 = 9+9 = 18$

$18 = 1+8 = 9$

Es handelt sich um das Sun-Trigramm, das wir in der senkrechten Spalte als drittes von *unten* finden (S. 32).

Jetzt geht es um das Ziel-Trigramm, das sich nach der jeweiligen Frage richtet.

Unsere Frage lautet:

»Habe ich mit Klaus Mang, geboren am 27. 7. 1936, eine gute, gemeinsame Zukunft?«

Die Rechnung beginnt in diesem Fall mit dem Geburtsdatum von Klaus Mang zur Findung der Linie IV des Hexagramms, der untersten Linie des Ziel-Trigramms.

Das Geburtsdatum von Klaus Mang lautet: 27. 7. 1936, dies ergibt:

$2+7 = 9+7 = 16+1 = 17+9 = 26+3 = 29+6 = 35$

$35 = 3+5 = 8$. Acht ist eine gerade Zahl, also

IV _____ _____ 8, eine geteilte Linie!

Fragen wir nun nach den Zahlen des Gebrauchsnamens:

$$K \quad l \quad a \quad u \quad s \qquad M \quad a \quad n \quad g$$
$$2 + 3 + 1 + 3 + 1 \quad + \quad 4 + 1 + 5 + 7 = 27$$

$27 = 2+7 = 9$. Neun ist eine ungerade Zahl, daher eine durchgehende Linie: V _____o_____ 9

Suchen wir nun die oberste (VI) Linie, die sich aus den Quersummen der Linie IV und V ergibt = $8+9 = 17$.

$17 = 1+7 = 8$. Acht ist eine gerade Zahl, also geteilte Linie: VI _____ _____ 8

Das Ziel-Trigramm sieht folglich so aus:

VI _____ _____ 8

V _____o_____ 9   7

IV _____ _____ 8

Die Quersumme von $8+9+8$ ergibt 25

$25 = 2+5 = 7$

Es handelt sich in diesem Fall um das Kan-Trigramm, das wir in der waagerechten Anordnung an dritter Stelle von links finden (S. 32).

31

Nun das Hexagramm insgesamt.

```
VI  ____  ____  8
V   ___o___  9   7
IV  ____  ____  8
III ___o___  9   9
II  _____  5
I   ____  ____  4
```

In der Übersicht finden wir die Zahl 48 (S. 178, »Der Born«). 4 ist eine Venuszahl, 8 eine Jupiterzahl, also dürfte die Verbindung harmonisch werden.

Trigramme Obere ▶ Untere ▼	Kiën	Dschen	Kan	Gen	Kun	Sun	Li	Dui
☰	1	34	5	26	11	9	14	43
☳	25	51	3	27	24	42	21	17
☵	6	40	29	4	7	59	64	47
☶	33	62	39	52	15	53	56	31
☷	12	16	8	23	2	20	35	45
☴	44	32	48	18	46	57	50	28
☲	13	55	63	22	36	37	30	49
☱	10	54	60	41	19	61	38	58

Übersicht zur Auffindung der Hexagramme
Beispiel Marita Habicht und Klaus Mang

Will man die Wandlung der Linien mit einem o oder x vornehmen, tritt eine Veränderung ein, die bei unserem Beispiel so aussieht:

Unteres Trigramm

vor der Wandlung	nach der Wandlung

III ——o—— 9   III —— —— 8

II ———————— 5   **9**   II ———————— 5   **8**

I —— —— 4   I —— —— 4

Sun (Merkur) wandelt sich in Kan (Saturn)

Merke: Aus der Quersumme 9 (altes Yang) wird immer eine 8 (neues Yin). Aus der Quersumme 6 (altes Yin) wird immer 7 (neues Yang). (Siehe Übersicht Seite 20.)

Oberes Trigramm

vor der Wandlung	nach der Wandlung

VI —— —— 8   VI —— —— 8

V ——o—— 9   **7**   V —— —— 8   **6**

IV —— —— 8   IV —— —— 8

Kan (Saturn) wandelt sich in Kun (Neptun)

Trigramme Obere ▶ Untere ▼	Kiën	Dschen	Kan	Gen	Kun	Sun	Li	Dui
☰	1	34	5	26	11	9	14	43
☳	25	51	3	27	24	42	21	17
☵	6	40	29	4	→7	59	64	47
☶	33	62	39	52	15	53	56	31
☷	12	16	8	23	2	20	35	45
☴	44	32	48	18	46	57	50	28
☲	13	55	63	22	36	37	30	49
☱	10	54	60	41	19	61	38	58

Übersicht zur Auffindung der Hexagramme
Marita Habicht – Klaus Mang nach der Wandlung

Wandlung des Hexagramms

VI	____ ____	8		VI	____ ____	8
V	____O____	9 7		V	____ ____	8 6
IV	____ ____	8		IV	____ ____	8
III	____O____	9		III	____ ____	8
II	____ ____	5 9		II	____ ____	5 8
I	____ ____	4		I	____ ____	4

Alte Hexagrammzahl: 48   Neue Hexagrammzahl: 7

Der *Born* wandelt sich in der *Einfall*

Jeder entscheidet selbst, ob eine Wandlung wichtig ist oder nicht. Es ist gut, wenn sich jeder selbst sein Trigramm errechnet und es in seinen Kalender einträgt, um es bei jeder neuen Situation parat zu haben.

Beispiel: Das Trigramm des Autors

I   Geboren am 10. 7. 1924   Quersumme 24 = 2+4 = 6

II   B e r n d   A.   M e r t z

   2 + 5 + 9 + 5 + 4   +   1   +   4 + 5 + 9 + 2 + 8 = 54

Quersumme 54 = 5+4 = 9

III   Quersumme aus I und II

   6 + 9 = 15   Quersumme 15 = 1+5 = 6

Ausgangs-Trigramm   Gewandeltes Trigramm:

III	__ X __	6		III	_____	7
II	___O___	9 3		II	__ ___	8 4
I	__ X __	6		I	_____	7

Name: Kan (Saturn)   Name: Li (Jupiter)

   Die Wandlung vollzieht sich folglich vom Saturnischen zum Jupiterhaften.

Die Wandlung im I GING der Zahlen

Alles wandelt sich! Diese Wandlung findet im I GING dadurch ihren Ausdruck, daß sich die Zeilen, sind die Münzen geworfen, mit den Summen neun und sechs wandeln. Bestehen die Summen nur aus den Summen sieben und acht, dann wandelt sich nichts.

Anders im I GING der Zahlen; hier wandelt sich immer etwas. Zunächst kann sich das Ausgangs-Trigramm wandeln, wenn etwa ein anderer Gebrauchsname benutzt wird.

Nannte sich jemand bisher Klaus-Peter Kurth, der sich aber nun Klaus P. Kurth nennt, dann tritt damit ein Wandel ein, der für die mittlere (II.) und obere (III.) Reihe wirksam wird. Die unterste Reihe allerdings wird sich nie ändern, da der Geburtstag ja für das ganze Leben gilt.

Die besondere Wandlung erfolgt aber bei der Befragung für die Zukunft. Hier geht es nicht nur um Partner, um Freunde, Arbeitgeber oder Arbeitnehmer, sondern auch um die eigene Entwicklung, die man aus dem I GING der Zahlen ablesen kann.

Will ich etwa wissen, was morgen geschieht, dann nehme ich als unterste Zeile des Zukunfts-Trigramms das betreffende Datum. Beispielsweise will unsere Marita Habicht wissen, was ihr an einem bestimmten Tag geschieht, da sie sich um eine für sie wichtige Stelle bewerben möchte.

Das Ausgangs-Trigramm bleibt gleich, also das Sun-Trigramm. Das sieht wie folgt aus: III ———o——— 9

II ——————— 5   9

I —— —— 4

Benutzt wird das Datum des persönlichen Bewerbungstermins (ohne Wandlung). Das war der 5. Mai 1988. Die Zeile IV ergibt sich also aus:

5. 5. 1988 = 5+5 = 10+1 = 11+9 = 20+8 = 28+8 = 36

36 = 3+6 = 9. Neun ist eine ungerade Zahl, also wird die Linie IV durchgehend gezeichnet: IV ——O—— 9

Als Zeile V nehmen wir den *Anlaß* der Frage, also das Wort Bewerbung. Dieser Zahlenwert bestimmt die mittlere Reihe des Ziel-Trigramms.

B e w e r b u n g
2 + 5 + 5 + 5 + 9 + 2 + 3 + 5 + 7 = 43

43 = 4+3 = 7.

7 ist ungerade, also: V ————— 7

Für Zeile VI addieren wir die Werte von IV und V

9+7 = 16

16 = 1+6 = 7. Sieben ist eine ungerade Zahl, also eine durchgehende Linie: VI ————— 7

Das Ziel-Trigramm sieht folglich so aus:

VI ————— 7
V ————— 7 5
IV ——O—— 9

Die Quersumme von 7+7+9 = 23

23 = 2+3 = 5

Es handelt sich um Kiën, das Schöpferische, die Bewerbung geht also gut. Das Gesamt-Hexagramm:

VI ————— 7
V ————— 7 5
IV ——O—— 9
III ——O—— 9
II —— —— 5 9
I —— —— 4

Das Hexagramm setzt sich also aus dem *Sun*-Trigramm und *Kiën*- – dem schöpferischen – Trigramm zusammen (s. S. 16). Das ergibt die Zahl 44 nach der Tabelle. Das heißt zweimal Jupiter, also dürfte infolgedessen die Bewerbung höchst erfolgreich verlaufen.

In der Art kann nun jede Lebenssituation abgeklopft werden. Will man eine Firma gründen, so setzt man etwa für die Zeile V ein: Selbständigkeit oder den Namen der zu gründenden Firma.

Fragt man nach einer Reise, dann wird das Reiseziel als Wort für die Zeile V genommen.

Das heißt, das obere Trigramm, das wir in der waagerechten Spalte finden, bringt die Wandlung, das Neue. Dies ist also das Zukunftsorakel, um das es geht.

Und so ändert sich jeder Tag, wie wir uns auch Tag für Tag ändern, und damit ändert sich auch jedes Problem, jede Fragestellung.

Der Mensch wandelt sich mit der Zeit, wie sich die Zeit mit ihrem Ablauf wandelt, das ist das Entscheidende, und dies kommt durch das I GING der Zahlen auf hervorragende Weise zum Ausdruck.

Die Antworten vom I GING der Zahlen

Kaum eine Frage des Lebens ist mit einem klaren »Ja«, eher schon mit einem klaren »Nein« zu beantworten. Aber auch bei einem »Nein« muß meist differenziert werden.

Das I GING berücksichtigt das. Auf jede Frage gibt es daher 8 Antworten.* Auch hier finden wir wieder die Zahl Acht, die Zahl der Unendlichkeit und der himmlischen Liebe. Dabei ist zu beachten, daß das I GING bei allen Mahnungen und Warnungen *Mut* machen will! Das I GING *ermuntert* zu Handlungen, es möchte nur nicht, daß die Fragen des Lebens zu oberflächlich beantwortet werden.

Das I GING mahnt zum Abwägen, aber auch dazu, die Belange anderer Menschen nicht zu verletzen. Insofern steckt in der uralten I GING-Weisheit bereits ein Kern des erst später aufkommenden demokratischen Denkens.

Wie jedes Orakel will auch das I GING, daß der Mensch nachdenkt, bevor er handelt. Daher sind die Antworten gegliedert, auch wenn ja oder nein oft leicht herauszulesen sind.

Jede Frage kann übrigens theoretisch mit Ja und Nein beantwortet werden, aber ein Ja oder Nein allein befriedigt nie. Also muß der Ausübende die Ratschläge kombinieren lernen, er kann sie nicht einfach ablesen, er muß wägen und beurteilen, um zu einer individuellen Interpretation zu kommen.

Wir haben bei jeder Frage *acht* Aspekte zu berücksichtigen. Diese Aspekte – man kann auch von Ansichten sprechen – visieren alle wichtigen Umstände an, die zur Kenntnis zu nehmen sind. Die Fragen beziehen sich auf folgende Punkte:

---

* Siehe Kapitel »Die 64 Hexagramme mit ihren 8 Aussagen«.

Erstens nach der *Person.*

Zweitens nach der *Verdrängung,* also dem, was nicht beachtet wurde.

Drittens nach dem *Antrieb.*

Viertens nach dem *Entfaltungssinn,* also dem Warum.

Fünftens nach der *Gegebenheit,* also den Umständen.

Sechstens nach der *Entscheidung,* die gefällt werden muß, um zu handeln.

Siebtens nach der *Umsetzung,* also dem »Wie«.

Achtens nach dem *Ziel,* das erreicht werden soll.

In der Folge sprechen wir dann nur noch von:

Person – Verdrängung – Antrieb – Entfaltung – Gegebenheit – Entscheidung – Umsetzung und Ziel.

Außer dem grundsätzlichen, kurzen, markanten Text des jeweiligen Hexagramms werden diese 8 Aspekte erläutert. Dabei sollte individuell kombiniert werden. Mit einem alleinigen Nachschlagen und Ablesen ist es nicht getan. Es dürfen keine vorfabrizierten Kochrezepte zur Anwendung kommen.

Jedes Hexagramm hat insgesamt neun Zahlen. Je Trigramm drei Quersummen der einzelnen Linien plus der Quersumme aller drei Linien, macht vier Linien. Da wir zwei Trigramme in einem Hexagramm haben, sind dies insgesamt acht Zahlen. Dazu kommt die Zahl des Hexagramms (von 1 bis 64), die entweder ein- oder zweistellig ist.

Die Quersumme des *unteren* Trigramms bezieht sich auf die fragende Person. Die Quersumme des *oberen* Trigramms beleuchtet das Gefragte. Wie beides – und unter welchen Umständen und Mühen – zusammenpaßt, dies sagt das Hexagramm allgemein und speziell durch die eben genannte Gliederung aus.

Die zweistelligen Zahlen des Hexagramms sind *gleichwertig.* Haben wir also die Zahl »41«, dann bedeutet dies: Jupiter, der vorangeht, die Sonne folgt, aber beide haben den gleichen Wert.

Haben wir die Zahl 10, geht die Sonne (1) voran, Pluto (0) folgt.

Bei den einstelligen Hexagramm-Zahlen von 1 bis 9 stellt sich diese Frage der Gleichwertigkeit natürlich nicht.

Die Zahlen der Quersummen der Trigramme weisen auf die

zur Zeit der Frage vorherrschenden Planetenkräfte hin, sie drücken also Gegenwärtiges aus.

Für *Nicht-Astrologen* geben wir hier noch einmal eine Übersicht über die Beziehung von Planet und Zahl. Anschließend werden die Hauptbedeutungen der Planeten wiedergegeben, mit denen man beim I GING zu guten Ergebnissen gelangen kann.

Zahlen und Planeten			
1	Die Sonnenzahl	6	Die Merkurzahl
2	Die Mondzahl	7	Die Uranuszahl
3	Die Marszahl	8	Die Venuszahl
4	Die Jupiterzahl	9	Die Neptunzahl
5	Die Saturnzahl	0	Die Plutozahl

Zuordnungsübersicht von Zahlen und Planeten

Diese Zuordnung Zahl zu Planet oder umgekehrt hat sich am besten bewährt. Sie berücksichtigt auch die Transsaturnier, also die neu- oder wiederentdeckten Planeten. Die Zuordnung selbst hat es immer gegeben. Immer wurde ein Planet einer Zahl zugeordnet, denn – dies ist wichtig – erst hatte man die Einzelzahlen gefunden, dann die Planeten.* Man muß erst das Zählen gelernt haben, um die Rhythmen der Planeten festzuhalten. Und der Rhythmus bestimmt ja unter anderem die Zuordnung der Hauptcharakterkräfte.

---

* Erklärung der Zuordnung von Zahlen zu Planeten (siehe Literatur: »Die Magie der Zahlen«).

Die Planetenzahlen

Eins, die Sonnenzahl
Unser Hauptgestirn, die Sonne, der wir alles Leben auf der Erde
verdanken, wird in der Numerologie durch die Zahl Eins
symbolisiert. Es ist die Zahl des Uranfangs, die Zahl unseres
Schöpfers, die Zahl der Einzigkeit. Diese Zahl ist die schöpferische Gottzahl, auch das Symbol für das Tor zu allen Geheim-
nissen, die die Sonne an den Tag bringt. Die Eins ist damit
auch die Zahl des Lichtes und *die* mystische Zahl, weil sie das
»All-Eine« repräsentiert. Die Sonne ist in unserem kosmischen
System der Kraft- und Lebensspender schlechthin, und wie
sich aus der Sonne jede Existenz entwickelt, so aus der Eins
unsere Zahlenreihe. Vor der Eins war nichts – mit der Eins
beginnt alles.

Wir haben in unserem Sonnensystem nur einen einzigen Stern,
der allein aus sich heraus leuchtet. Alle anderen Lichtpunkte
spiegeln nur empfangenes, nicht eigenes Licht. Die Sonne ist also
Mittelpunkt und Zentrum unseres Erdensystems, also in mehr-
facher Hinsicht *ein*-zig. Somit gilt die Zahl Eins auch für unsere
innere Sonne, unser Herz, und für all das, was als Sonnenkraft in
uns lebt. So ist die Eins auch das Symbol für das Erste überhaupt.

Heute noch wünschen sich viele Eltern, daß die Geburt ihrer
Kinder möglichst um den Ersten eines Monats liegt.

Zwei, die Mondzahl
Wie die Sonne das Symbol des Tages, ist der Mond das Symbol
der Nacht. Er wird durch die Zahl Zwei symbolisiert. Es ist die
Zahl, die ausdrückt, daß zur Eins etwas hinzukommt. Dies wird
am Himmel besonders deutlich, wenn der Mond aus dem
Schatten der Sonne (als neugeborene Mondsichel) heraustritt

und anfängt ihr Licht zurückzuspiegeln. Die Zwei ist das Dualsymbol, das Symbol des Gegenübers. Und der Mond leuchtet am herrlichsten, wenn er der Sonne genau in Opposition gegenübersteht. So strahlt das Licht der Sonne auch in der Nacht, wenn es unter dem Horizont steht. Die Zwei drückt nicht nur den Gegensatz von Helligkeit und Dunkelheit aus, sondern auch die Ergänzung von Licht und Schatten. Durch die Nacht besteht der Tag aus zwei Teilen, und die Zwei ist dementsprechend auch das Symbol der inneren Dunkelheit im persönlichen Bereich, das Symbol für die Tiefe des Menschen, für seine Seele. Die zwei Lichter Sonne und Mond regieren also die Menschen, wenn auch das Licht nur von einem Gestirn erzeugt wird. Durch seine Spiegelung zeigt uns der Mond Monat für Monat das Wachsen, das Blühen, das Vergehen, aber auch das Auferstehen an. So wurde die Zwei zum Symbol des Wachstums nach der Zeugung, damit auch zum Symbol der Mutter, wie die Eins das Symbol des Mannes ist. Man sprach von dem Logos der Zahl Eins und dem Eros der Zahl Zwei, die sich ergänzen sollen und müssen.

Drei, die Marszahl

Der Mars ist das Symbol des Antriebs, des Willens, der Energie. Er wird durch die göttliche Zahl Drei symbolisiert, denn der Wille und Antrieb sind göttliche Kräfte, die dem Menschen geschenkt wurden, die er leider auch oft mißbraucht. So wurde das göttliche Licht, das der Erzengel Luzifer den Menschen brachte, als Geschenk des Schöpfers betrachtet; doch Luzifer wollte die Menschen verführen, ihr Schicksal ohne Gott in die eigene Hand zu nehmen. Das machte ihn zum Teufel. All dies ging in die Symbolik von Mars ein. Der Trieb zum Überleben ist jedem Wesen eigen, nicht aber der bewußte Wille dazu – das ist es, was den Menschen vom Tier unterscheidet, mit all den damit verbundenen Versuchungen. So symbolisiert die Drei auch die Auseinandersetzung der Menschen mit der Schöpferkraft, der Gottheit, an deren Anfang der Antrieb steht, es Gott gleichzutun. Der Mensch wurde aus dem Paradies vertrieben, weil er vom Baum der Erkenntnis gegessen hatte, nun mußte er auch um das Leben kämpfen; doch der Tod kann nur durch Zeugung überwunden werden. So ist die Drei der menschliche Abglanz der Eins, wenn auch ein Geschenk und eine Gabe des Schöpfers. Und diese Kraft, die der Mensch braucht, um sein Leben zu meistern, die ist nur aus dem Antrieb des Mars zu gewinnen.

Vier, die Jupiterzahl

Jupiter ist das Symbol der Entfaltung und wird in der Numerologie durch die Vier symbolisiert. Die Vier, die Ergänzung zur Drei, die also den Willen auffängt und sinnvoll zur Entfaltung lenkt. Sie ist die Drei plus Eins, also Sonne plus Mars, und besser kann Jupiter kaum symbolisiert werden, da ja in der Astrologie Jupiter als höhere Sonne gilt und außerdem die oberste Gottheit im Olymp darstellt. Die Vier ist die erste Quadratzahl. Jupiter brachte den Menschen die sinnvolle Entfaltung, die Ordnung, die das Chaos einschränkte. Bei den Pythagoräern galt die Vier als *die* heilige Zahl. Sie wächst aus der Trinität heraus und gilt als Zahl der Wirklichkeit. Und daß diese Wirklichkeit mit Sinn gefüllt wird, ist Jupiters Gebot.

Fünf, die Saturnzahl

Saturn, als Symbol der Tradition, der Konzentration und des Verwurzeltseins, wird durch die Fünf symbolisiert. Es ist die Zahl der geballten, aber zusammengefaßten Kraft (Symbol der Faust, in der sich fünf Finger eng vereinen), die Zahl der fünf Sinne und die Zahl des Pentagramms. Fünf ist auch die Zahl der geistigen Zusammenfassung dessen, was unsere Sinne fühlen und tun. Sie ist die Zahl der saturnischen Tugenden: Fleiß – Mäßigkeit – Bescheidenheit – Besonnenheit und Strenge gegen sich selbst. Es ist die Zahl der Mitte der Reihe Eins bis Neun, damit die Zahl der Reife. Es ist das Zentrum, von dem alle Himmelsrichtungen ausgehen. Das Zentrum ist aber das Bewahrende, der Kern – damit Saturn.

Sechs, die Merkurzahl

Merkur ist das Symbol des Handelns, Denkens und des Vermittelns. Er wird durch die Zahl Sechs symbolisiert. Es ist die verdoppelte marsische Zahl Drei, da der sinnvoll entfaltende Wille vom Zentrum her nun ins praktische Handeln umgesetzt werden muß. Die Sechs ist das Symbol für das Siegel Salomons und die erste vollkommene Zahl. Sie führt uns weg von der Einseitigkeit, denn eine Hand hat nur fünf Finger. Zum sechsten Finger der zweiten Hand bedarf es eines schöpferischen Sprunges. Ab jetzt wird das Abzählen denkend, wenn Kinder etwa mit einem Finger der linken Hand die Finger der rechten Hand abzuzählen lernen. Ein durchaus merkurischer Prozeß. Und der sechste Sinn, ein merkurischer Sinn, führt uns über die fünf Sinne hinaus ins Reich der Intuition.

Sieben, die Uranuszahl
Uranus, das Symbol der Intuition, der Einfälle, der plötzlichen Umkehr, wird in der Numerologie durch die Sieben symbolisiert. Sieben ist die Zahl der göttlichen Intuition, da Gott am siebten Tag ruht, damit Neues nachwachsen kann.

Diese Besinnung gibt uns neue Kräfte – auch in schöpferischer Hinsicht. Nur so gelangen die Menschen zu höheren Dimensionen. Die Sieben folgt der Sechs, wie Uranus dem Merkur folgt. Erst muß merkurisch gedacht werden, ehe uns der uranische Einfall zufliegt. Uranus ist auch der erste Planet nach dem Saturn, er steht also hinter der Schwelle, die in eine neue Dimension weist. Sieben ist die Zahl der großen Einfälle, wie sie sich etwa in den Sieben Weltwundern offenbart.

Acht, die Venuszahl
Das Symbol der Liebe, der Kunst, der Gefühle ist die Venus, die in der Numerologie durch die Acht symbolisiert wird. Liebe und Kunst sind unsterblich, wie auch die Acht das Unsterbliche zum Ausdruck bringt, da sich um einen Mittelpunkt alles im Auf und Ab bewegt.

Liebe überdauert wie die Seele, und Künste führen Welten und Zeiten zusammen. Die Acht als doppelte Jupiterzahl Vier führt uns also weit über den Olymp hinaus, dahin, wo die Unsterblichkeit beginnt, die uns durch die himmlische Liebe (auch ein Venussymbol) geschenkt wird. Acht ist die Zahl der Läuterung, die nur durch Liebe möglich ist, wie es die acht Seligpreisungen des Evangeliums offenbaren.

Neun, die Neptunzahl

Neptun, das Symbol der Inspiration, der Hellsichtigkeit mit allen Gefahren, wird in der Numerologie durch die Neun symbolisiert. Neptun folgt als höhere Stufe der Venus, damit der Acht; das heißt, die Inspiration führt uns noch weit über die Unendlichkeit hinaus. – Hier wird die göttliche Zahl Drei in Potenz tätig, da das Handeln allein aus dem Antrieb nicht mehr ausreicht. Neun ist die Zahl der Magie, deren Herr Neptun ist, aber Magie verlangt Einsamkeit, die auch in Neptun als innere Kraft des Eremiten (man denke an seine Tarotkarte) lebt. Neun gilt als Vollendungszahl des Himmelsmeeres, und dessen Herr ist – den Mythen nach – Neptun. Die Inspiration als höchste Stufe der Suchenden führt uns zum wahrhaft Neuen.

Null, die Plutozahl

Pluto gilt als Symbol der Durchsetzung mit oder gegen die Masse, und Pluto wird durch die Null symbolisiert. Die Null ist nichts und alles, wenn nur eine Zahl davorsteht. Sie ist das Unendliche, das gefüllte Nichts.

Null ist das Symbol des dunklen, noch nicht erkannten Triebes (weshalb hier noch keine Zahl erscheinen kann). Null ist Symbol dessen, was erweckt werden muß, das Anonyme, das – einmal wach – nur sehr schwer zu beherrschen ist. Die Null verstärkt alles, wie die plutonische Kraft in uns alles verstärkt und zum Durchbruch verhilft.

Die Null ist das noch absolut Dunkle, die Welt, in der Pluto herrscht. Null ist eine Zahl ohne Wert, jedoch vom dunklen Drang getrieben, Wert und Achtung zu erlangen.

Deutungsanregungen

Bevor wir nun Deutungsanregungen geben, sei besonders intensiv betont, daß das Weisheits-Orakel nie mit »Ja oder Nein« urteilt, auch wenn dies einst vor Tausenden von Jahren der Ursprung gewesen sein dürfte.

Das Buch der Wandlungen wurde schon im alten China als Anregung gesehen, selbst etwas für seine Zukunftsgestaltung zu tun. Es ist kein Buch, das zum Fatalismus führt – im Gegenteil!

Die Auskünfte, die Hinweise des I GING sollen zum Handeln anregen, zum eigenständigen Verhalten. Mag dieses Verhalten dann auch auf dem großen Eingebundensein mit dem Kosmos beruhen, der einzelne Mensch ist aufgerufen, *aktiv* sein Schicksal zu gestalten. Die Ratschläge sind also *Wegweiser*, die zu eigenen, selbständigen Entscheidungen führen sollen.

Abwarten und Tee aus dem Reich der Mitte trinken – das geht nicht. Dazu brauche ich kein anregendes Orakel, das ja stets nur zur Selbsterkenntnis führen soll, um die Ereignisse, die kommen, zu bewältigen und selbst mitzubestimmen.

In dieser Hinsicht sind alle Anregungen zu interpretieren. Etwa: Willst du eine gute Partnerschaft, dann bringe dies und jenes ein, erst dann kannst du auf ein positives Echo bauen. Willst du Karriere machen, dann gehe mit gutem Beispiel voran, zügle dich aber auch, und meide jeden Hochmut, dann erst sind die Voraussetzungen erfüllt.

Wir können also jeweils die betreffenden Kräfte über die Zahlenbeziehungen der Planeten abrufen, aber nur als Unterstützung, um unseren ureigenen Weg zu gehen, der dann zum Erfolg führt.

Man kann nun davon ausgehen, daß die Reihen I und IV, denen also das Geburtsdatum (oder das Zieldatum) zugrunde liegt, den Kern einer Sache, *das Sein,* darstellen, während die Linien *II und V* eher das *Auftreten,* den Schein symbolisieren. In den Linien *III und VI* zeigt sich dagegen eher der Wunsch, die Zielsehnsucht.

Die Quersummen für die jeweiligen Trigramme (also sowohl das obere wie das untere) fassen alles zusammen, vereinigen also Sein, Schein und Wunsch oder den Kern, das Auftreten und das Ziel. So sind die Quersummen jeweils die Quintessenz, sie erläutern, mit welchen Kräften die Ziele angestrebt und erreicht werden.

Die Zusammenfassung beider Trigramme (unten und oben) wird durch die Aussagen der Hexagramme deutlich, wobei acht Gliederungen die Gesamtaussage des Anfangs differenzieren.

Diese Gliederungen heißen:

Grundeinstellung der Person (oder auch der Personen)

Die Verdrängung (also was nicht beachtet wird, aber vorhanden ist)

Der Antrieb (die Energie, die zum Ziel führen soll)

Die Entfaltung (wobei es um den Sinn des Strebens geht)

Die Gegebenheit (erläutert das Mögliche der Realität)

Die Entscheidung (die zu treffen ist, wenn etwas bewegt werden soll)

Die Umsetzung (was zu verändern ist, um praktische Erfolge zu haben)

Das Ziel (Verhalten am Ziel und was weiterführt, worum es also letztendlich geht).

So arbeiten Trigramme und Hexagramme dann bestens zusammen.

Die nun folgenden Weisheitshinweise beziehen sich auf die Hexagramme von 1 bis 64.

Zuvor muß – wie schon erwähnt – die Situation der Fragenden geklärt und erläutert werden. Dazu benutzen wir die je vier Quersummen der beiden Trigramme.

Wir nehmen dazu das Beispiel der schon ausgerechneten Trigramme.

Das Ausgangstrigramm der Marita Habicht sah wie folgt aus:

III ——o—— 9
II ———— 5   9
I ——— —— 4

Zur Person sind also zu beachten: Beim Geburtsdatum (I. Reihe) der Jupiter, beim Namen (II. Reihe) der Saturn und bei der Quersumme der Reihen I plus II der Neptun, der auch insgesamt dieses Trigramm als **9** beherrscht.

Das obere Trigramm von Klaus Mang lautet:

VI ——— —— 8
V ——o—— 9   7
IV ——— —— 8

Hier sind vom Geburtsdatum her die Venus und deren Deutung zu beachten, vom Namen her der Neptun und als Quersumme von Datum und Namen die Venus. Insgesamt herrscht aber durch die Zahl 7 der Uranus vor.

Diese Zahlen sind zu untersuchen, ehe dann das Hexagramm nachzuschlagen ist, das die Zahl 48 trägt (s. S. 178).

Sie wird dann in Beziehung zu den Personen gebracht, um danach die acht entscheidenden Stationen zu besprechen. So kann also eine recht genaue Untersuchung der Umstände und Möglichkeiten dargestellt werden.

Eine I GING-Deutung

Wir bleiben bei unserem Beispiel Marita Habicht.

Sie hatte zwei arge Enttäuschungen mit Lebenspartnern hinter sich, war nun aber erneut verliebt, doch voller Angst, daß es auch beim dritten Mal schiefgehen könnte.

Die Erstellung ihres Trigramms ergab, daß sie im Kern voller Entfaltungskraft und Mut ist (Jupiterzahl vier), daß sie sich aber nach außen doch eher herb, karg und spröde (Saturnzahl fünf) zeigt. In ihrer Zielsehnsucht geht sie dabei mit ängstlichem Instinkt auf die Erfüllung ihrer Wünsche zu (Neptunzahl neun), und da diese Zahl auch die Quersumme darstellt, können wir davon ausgehen, daß Marita Habicht äußerst sensibel, in sich hineinhorchend die Verwirklichung ihrer Wünsche anstrebt.

III ——o—— 9
II ————— 5 9
I ___ ___ 4

Trigramm von Marita Habicht, aufzusuchen in der senkrechten Zeile, weil sie der Ausgangspunkt ist.

Der ausersehene Partner Klaus Mang, selbst mit einer gescheiterten Ehe belastet, hatte ihr einen Heiratsantrag gemacht und sie bisher schon sehr verwöhnt.

Das Trigramm von Klaus Mang – es wird das obere – sieht wie folgt aus.

VI ___ ___ 8
V ——o—— 9 7
IV ___ ___ 8

Trigramm von Klaus Mang, aufzusuchen in der waagerechten Zeile, weil das Zusammenleben mit ihm die Zukunft wäre.

Trigramme Obere ▶ Untere ▼	Kiën	Dschen	Kan	Gen	Kun	Sun	Li	Dui
	1	34	5	26	11	9	14	43
	25	51	3	27	24	42	21	17
	6	40	29	4	7	59	64	47
	33	62	39	52	15	53	56	31
	12	16	8	23	2	20	35	45
	~~44~~	~~32~~ →	48	18	46	57	50	28 ·
	13	55	63	22	36	37	30	49
	10	54	60	41	19	61	38	58

Übersicht zur Auffindung der Hexagramme
Marita Habicht und Klaus Mang

Der Kern von Klaus Mang scheint voller Liebe zu sein, vielleicht nicht so aktiv (Venuszahl 8). Sein Auftreten ist auch eher etwas unsicher, so daß man schließen kann, daß er oft zu weich reagiert (Neptunzahl 9). Auch beim Anvisieren eines Zieles scheint Klaus Mang eher weich zu sein (Venuszahl 8).

Insgesamt jedoch handelt er intuitiv, auch ein wenig sprunghaft und überraschend (Uranuszahl 7).

Und überraschend kam nun auch sein Heiratsantrag, aber es geht aus den Zahlen auch hervor, daß dieser eher schnell als zögernd angenommen werden sollte, zumal beide ja auch nicht mehr jung waren.

Nun ergeben die zwei Trigramme das Hexagramm 48. Dies bedeutet zunächst, daß wir es hier mit einer Jupiter- und einer Venuszahl zu tun haben. »Entfaltende Liebe« können wir folgern, was für eine engere Bindung ja sehr gut aussähe.

Im Einführungstext heißt es dazu: »48 = Born« (s. S. 178). »Ein Brunnen spendet Wasser, doch man weiß nie wie lange.«

Das rät zu raschem Handeln, ehe die Liebe erschöpft ist. Und als Mahnung wird auf den Weg gegeben, daß die Liebe zu achten sei, daß Gegenliebe nur zu erwarten ist, wenn der eigene Lebensborn bereit ist, von sich aus zu spenden.

Ferner ist jede Entfaltung des Herzens wahr – und anzunehmen.

Was die *Grundeinstellung der Person* betrifft, so lesen wir im I GING, daß nicht unermeßliche Liebe erwartet werden kann, ohne die Bereitschaft, diese selbst zu geben. Marita Habicht hat sich also zu prüfen, bevor sie den Heiratsantrag annimmt. Weist sie ihn ab, dann *verdrängt* sie, daß sie damit seine Liebe töten könnte. Das Stichwort *Antrieb* geht allein auf die Liebe als Antrieb ein, so ist jeder andere Antrieb abzulehnen, jeder andere Wunsch. Die Ehe wird sich nur dann in einer *Entfaltung* befinden, die Grenzen oder Mauern zu überwinden vermag, wenn Marita Habicht die Mauern in sich überwindet. Was praktisch bedeutet, daß sie keine Mauern der Vorbehalte in sich errichten darf, sei es aus Angst oder aus anderen Gründen (*Gegebenheit*).

*Entscheidungs*momente besonderer Art werden dazu nicht benötigt, es sei denn, sie hätte noch einen anderen Bewerber, der sie auch heiraten oder an sich binden möchte.

Es geht ferner nicht an, daß sie vor der Bindung mit Klaus Mang etwa Änderungen in seinem Grundcharakter erwartet. Wenn sie ihn »so« nicht will, muß sie trotzdem schnell ja oder nein sagen und auf eine längere Umwandlung warten (*Umsetzung*).

So heißt es abschließend in den Texten, daß das *Ziel* – so es erkannt ist – mit Macht und Energie angestrebt werden sollte. So weiß nun Frau Habicht, wie sie handeln soll und daß sie schnell handeln muß, ohne Hindernisse aufzubauen, oder den Partner noch verändern zu wollen. Sagt sie nein, dann tötet sie die Liebe (in erster Linie die des Partners), und sie wird sie dann auch nicht wieder erwecken können.

Dasselbe Beispiel – mit Wandlung

Zunächst die Frage:

Wann sollten die Linien vom alten zum neuen Yang oder Yin gewandelt werden? Ist eine Wandlung bei den Fragenden notwendig, um zu einem Ziel zu kommen, oder sind die betreffenden Personen nicht mehr wandlungsbereit? Bei älteren Menschen ist oft keine Wandlung mehr zu erwarten.

Auch noch zu junge Personen sind – bevor sie erwachsen werden – in dem Sinne nicht wandlungsfähig. Außerdem erübrigt sich eine Wandlung, wenn es sich um recht einfache Fragen oder um eher Banales handelt, also wenn »Alltägliches« gefragt wird.

Nur *eines* muß beachtet werden. Wenn eine Wandlung vorgenommen wird, dann bei *beiden* Trigrammen. Dann würde aus dem vorherigen Beispiel aus dem unteren Trigramm der Marita Habicht mit dem Namen *Sun* = Merkur das Trigramm *Kan* = Saturn.

Der Kern der Jupiter-Entfaltung I = 4 ist geblieben. Auch das nach außen eher herb Saturnische (II = 5). Jedoch in der Zielsetzung ist der Wandel entscheidend: Da regiert jetzt das Gefühl, die Liebe (III = 8). Und dies bestimmt auch als neue Quersumme des Trigramms das gesamte Handeln in dieser Frage.

Hier das neue Trigramm:

III —— —— 8
II ———————— 5   **8**
I —— —— 4

Das *saturnische Kan* drängt zur Liebe.

Das obere Trigramm des Klaus Mang hat sich auch gewandelt. Zwar blieb die Liebessehnsucht IV = 8, nicht aber das eher unsichere, instinktive Auftreten V = 9, das sich zum gefühlsbetonten Auftreten wandelte, denn nun heißt V = 8. Die Zielanvisierung blieb VI = 8, so haben wir *drei* Venuszahlen und die merkurische Zahl sechs als Quersumme, was doch etwas Vernunft einbringt. Damit wurde aus dem saturnischen Kan ein neptunisches Kun.

VI _____ _____ 8
V _____ _____ 8 6
IV _____ _____ 8

Das bedingt ein neues Hexagramm.

Trigramme Obere ▶ Untere ▼	Kiën	Dschen	Kan	Gen	Kun	Sun	Li	Dui
	1	34	5	26	11	9	14	43
	25	51	3	27	24	42	21	17
	6	40	29	4	7	59	64	47
	33	62	39	52	15	53	56	31
	12	16	8	23	2	20	35	45
	44	32	48	18	46	57	50	28
	13	55	63	22	36	37	30	49
	10	54	60	41	19	61	38	58

Übersicht zur Auffindung der Hexagramme
Marita Habicht und Klaus Mang nach Wandlung

Das Hexagramm »7» der *Einfall*.

Hier das gesamte Hexagramm »7«

VI _____ _____ 8
V _____ _____ 8 6
IV _____ _____ 8

III _____ _____ 8
II _____ _____ 5 8
I _____ _____ 4

Man orientiert sich nun an der Deutung (S. 73).

Es kommt also auf den Einfall an, der vom »Anführer«
ausgeht. Es stellt sich die Frage, wer die Initiative ergreift. Sicher

wird es in diesem Fall der Mann Klaus Mang sein mit den drei Achten und der Merkurzahl. Allerdings ist in der *Grundeinstellung* gutes Nachdenken Voraussetzung für Intuition. Einfallskraft ist die Basis dafür, daß die Bindung gutgeht, wobei auch die Frau Marita Habicht bereit sein muß und das Ergreifen der Gelegenheit nicht verdrängen sollte *(Verdrängung)*.

Dann sind Mut und Zivilcourage erforderlich, um den Einfall nicht schon im *Antrieb* zu ersticken. Der schnelle Entschluß wäre anzuraten.

Sprunghafte *Entfaltung* hilft über die Hürden, und wenn auch die Ausgangslage nicht der Norm entspringt, ist die Gelegenheit zu nutzen. Das würde der *Gegebenheit* entsprechen.

Eine *Entscheidung* schlüge zwar wie Donner und Blitz ein, aber mit vorherigen Ankündigungen wäre nichts gewonnen.

Es wird also Mut zur *Umsetzung* der neuen Situation verlangt, damit das sicher risikoreiche *Ziel* erreicht und dann gefestigt werden kann.

Soweit also die beiden Möglichkeiten, das I GING zu deuten. Übung wird den Meister machen, gerade dann, wenn die Entscheidung »für« oder »gegen« eine Wandlung gefällt werden muß. *Aber es gibt nur eine Möglichkeit. Nie sind beide anzuwenden, das widerspräche dem Sinn eines Orakels.*

Diejenigen, die mit dem I GING arbeiten wollen, sollten für sich vorerst beide Möglichkeiten üben. Später bedeutet die Entscheidung »Wandlung ja oder nein« keinerlei Schwierigkeiten mehr.

Die Suche nach weiteren Antworten

Beispiel: Die Partnerschaft von Marita und Klaus (wir nehmen hier nur die Vornamen, es können aber auch Vor- und Nachnamen genommen werden) kommt in eine Krise.

Das Hexagramm der beiden ist jedoch ausgerechnet und besprochen. Nun kommt aber eine neue Situation. Wie kann danach gefragt werden, ganz gleich ob es sich um eine Krise oder um den Entschluß zu einer Hochzeit handelt? Bei solchen Fragen sollte, wenn möglich, immer eine Wandlung vollzogen werden.

Das Ausgangsdatum ist das Datum, an dem die Partnerschaft beschlossen oder vollzogen wurde (Zusammenzug, Aufnahme der intimen Bindung und dergleichen). Es ist das Geburtsdatum der Partnerschaft und wird daher die unterste Reihe des unteren Trigramms.

Die Partnerschaft begann durch Aufnahme intimer Beziehungen am 20. 3. 1986. Das ergibt:
20+3+1+9+8+6 = 47 = 11 = 2
2 ist eine gerade Zahl, also eine geteilte Linie.
I   _____ _____ 2 (wird nicht gewandelt)

  M a r i t a + K l a u s
  4 + 1 + 9 + 9 + 2 + 1 + 2 + 3 + 1 + 3 + 1 = 36 = 9
II   ____o____ 9 (wird gewandelt) = ____ ____ 8
Bisheriges Bild also:
II   _____ _____ 8
I   _____ _____ 2

Die Reihe III wird aus den Quersummen der Reihen I und II genommen, das ergibt 8+2 = 10 = 1
III _____ 1 (wird nicht gewandelt)

Das untere Ausgangstrigramm sieht so aus:
III _____ 1
II   _____ _____ 8   **2**
I   _____ _____ 2

Es handelt sich um das Trigramm, das wir in der senkrechten Reihe als 5. von unten finden.

Das obere Trigramm errechnen wir aus dem Tag der Krise und ihrem Grund. Dieser kann sein: Freundin, Berufsehrgeiz, Hochzeit, Geldstreiterei etc.
Tag der Krise = 17. 12. 1990
Ergibt: 1+7+1+2+1+9+9+0 = 30 = 3   IV _____ 3
(wird nicht gewandelt)

Grund der Krise:

F r e u n d i n

$6+9+5+3+5+4+9+5 = 46 = 10 = 1$ V _____ 1

(wird nicht gewandelt)

Quersumme aus IV+V = 4   VI __ __ 4

(wird nicht gewandelt)

Das obere Trigramm sieht so aus: VI ___ ___ 4

                                  V _____ 1   8

                                   IV _____ 3

    Das finden wir in der Waagerechten als letztes Trigramm.

Das Gesamt-Hexagramm: VI ___ ___ 4

                                     V _____ 1   8

                                     IV _____ 3

                                     III _____ 1

                                     II __ __ 8   2

                                     I __ __ 2

Trigramme Obere ▶ Untere ▼	Kiën	Dschen	Kan	Gen	Kun	Sun	Li	Dui
☰	1	34	5	26	11	9	14	43
☳	25	51	3	27	24	42	21	17
☵	6	40	29	4	7	59	64	47
☶	33	62	39	52	15	53	56	31
☷	12	16	8	23	2	20	35	45
☴	44	32	48	18	46	57	50	28
☲	13	55	63	22	36	37	30	49
☱	10	54	60	41	19	61	38	58

Marita + Klaus nach Krise

In der Übersicht finden wir die Zahl 31 = Der Magnet. Bei der Deutung verfahren wir so wie auf Seite 133 beschrieben.

Die 64 Hexagramme mit ihren acht Aussagen

1 Das Schöpferische

Das Schöpferische als das männliche Prinzip und Symbol der Sonne bewirkt stete Wandlung und Veränderung. Das Ziel: Am Ende erhalten alle Menschen und Dinge die Form, die ihrem Wesen in Verbindung mit dem Kosmos entspricht.

Die »1« steht für das Symbol der Sonne, folglich ist bei jeder Frage, die die Gegenwarts- wie die Zukunftsgestaltung betrifft, das Herz in die Waagschale der Entscheidungen und Taten zu werfen. Das gesamte »Ich« ist gefordert, mit halbem Herzen darf nichts auch nur angefangen werden.

Grundeinstellung der Person
Die Bereitschaft zur schöpferischen Kreativität verlangt den Einsatz der gesamten schöpferischen Kräfte als Voraussetzung für den Erfolg. Die handelnde Person muß voll hinter ihren Taten stehen, muß erkennen, daß es auf sie allein ankommt.

Die Verdrängung
Bisher fehlt es allem Anschein nach am vollen Einsatz. Die Schuld für ein Nichtgelingen wurde anderen oder den Umständen zugeschoben. Das rächt sich jetzt. So sind die eigenen Versäumnisse aufzuarbeiten, damit das eigene Handeln wieder unbelastet aufgenommen wird.

Der Antrieb

Mit ganzem Herzen und innerer Aufopferungsbereitschaft ist der erste entscheidende Schritt zu wagen. Die handelnde Person muß wissen, daß sie sonst mit dem Rücken zur Wand steht. Das anvisierte Ziel ist nie mehr aus dem Auge zu lassen. Courage ist gefragt.

Die Entfaltung

Ohne inneren Sinn für die Aufgabe geht nichts. Persönlicher Ehrgeiz und der Wunsch nach Entlastung durch andere haben zurückzutreten. Die Sache und ihre schöpferische Berechtigung sind allein vorrangig. Überflüssiges ist beiseite zu schieben, um das eine zu bewegen.

Die Gegebenheit

Die Ausgangssituation ist für jede sinnvolle Gestaltung äußerst günstig, auch wenn es nicht so scheinen mag. Die Nebel des Zweifels heben sich schnell, wenn erst der Anfang gemacht ist. Die Sicht wird klarer, alles Bisherige bleibt dann weit zurück.

Die Entscheidung

Es soll nun mutig, aber nicht leichtsinnig entschieden werden. Ist die Entscheidung gefallen, darf es kein Zurück geben, auch wenn Zweifel aufkommen. Jetzt wird nicht mehr gezögert, jetzt wird gehandelt und die Entscheidung mit allem Einsatz vertreten.

Die Umsetzung

Aus der bisherigen Lethargie aufwachen! Das Alte zu den Akten legen, die Weichen neu stellen. Auf neue Berater hören und den Glauben an die eigene Kraft nie in Zweifel ziehen. Den eigenen, kommenden Taten vertrauen und trotzdem bescheiden bleiben.

Das Ziel

Der Abschluß der geplanten Handlungen sollte stets klar gesehen werden. Den Weg in Etappen einteilen, aber keine Etappe als Endziel betrachten. Je höher das Ziel gesteckt ist, um so stärker der Einsatz, um so mehr Kräfte sollten mobilisiert werden.

2 Das Empfangende

Das Empfangende als das weibliche Prinzip ist allumfassend wie Himmel und Erde, da die Erde aus dem Himmel geboren wurde. So enthält das Empfangen alle mütterliche Kraft, aus der allein heraus sich das Leben stets und ewig erneuert.

Die »2« steht für das Symbol des Mondes, folglich ist bei jeder Frage, die die Gegenwarts- oder die Zukunftsgestaltung betrifft, die Seele zu aktivieren. Das »Ich« muß aus dem Unbewußten reagieren, also alle Erfahrungen, auch die verdrängten, heraufholen und sich ihrer bewußt werden.

Grundeinstellung der Person

Bereitschaft zu hören, zu sehen, zu empfangen. Die Umwelt aufnehmen und mit dem inneren Wissen konfrontieren. Alle wichtigen Handlungen vorher überprüfen, am besten überschlafen. Träume und Nachtgedanken sind wichtig, weil sie wegweisend sein können.

Die Verdrängung

Die Seele wurde einst nicht gefragt, das Unangenehme des Lebens verdrängt, in die Tiefe oder beiseite geschoben. Die handelnde Person wollte am liebsten ohne echtes Gedächtnis leben. Freies Handeln wurde durch diese Unfreiheit behindert, die nun überwunden werden muß. Das sollte jeder Betroffene beherzigen.

Der Antrieb

Keine spontanen Handlungen! Aus der Ruhe, aus der eigenen Mitte heraus handeln. Die Omen – die immer da sind – wahrnehmen und sich nach ihnen ausrichten. Darauf achten, daß beim eigenen Antrieb kein anderer zu Schaden kommt, weil dies ablenkt und innere Kraft rauben kann.

Die Entfaltung

Sich stets aus der Tiefe entfalten. Das Ganze annehmen und dann auch einsetzen. Das Stille kommt besser zur Wirkung als das Laute. Der Glauben und die Familienbindung spielen bei der Entfaltung entscheidende Rollen, so daß sie genau beachtet werden sollten.

Die Gegebenheit

Wenn der Schlaf gut ist, dann scheint auch die allgemeine Lage gut zu sein. Abwarten bis innere Ruhe einkehrt, was jedoch bald der Fall sein dürfte. Anregungen anderer empfangen und umsetzen. Den Mut haben, auf Ratschläge von Freunden und Lieben den zu hören.

Die Entscheidung

Vor der Entscheidung muß eine mehr oder minder lange Reifezeit gelegen haben, damit der Mut zur Entscheidung nicht aus einer Laune heraus erwächst. Alles Launische abstreifen und sich bewußt sein, welche Folgen zu erwarten sind, wenn der Stein rollt.

Die Umsetzung

Mit ruhigem, gutem Gewissen sind die Entscheidungen umzusetzen. Dabei immer an die Mitmenschen denken, für die eine betreuende Funktion bisher mitgetragen wurde. Das Verantwortungsbewußtsein muß stark ausgeprägt sein, wenn man zur Tat schreitet.

Das Ziel

Der Endpunkt ist innerlich längst bekannt, nun sollte er auch anvisiert und erreicht werden. Ist dies geschehen, dann sich still und bescheiden des Erreichten freuen, keinen Neid erwecken, dafür das Innere bereits auf eine neue Lebensstufe ausrichten, da die Seele nie rastet, sondern sich stets wandelt.

3 Der Wagemut

Wenn die Zeiten voller Überraschungen und Wirr-
nisse sind, wird der Wagemut des einzelnen benö-
tigt, um die Ordnung auf Erden und im Kosmos
wiederherzustellen. Ohne Willen zum persönlichen
Mut und Einsatz hilft weder der Himmel noch eine
andere göttliche Kraft.

Die »3« steht für das Symbol des Mars, folglich sind bei jeder
Frage, die die Gegenwarts- oder die Zukunftsgestaltung betrifft,
persönlicher Mut und starker Wille einzusetzen. Die eigene
Einsatzbereitschaft ist gefragt, egal, was die Umwelt davon hält.
Das Ich darf sich nicht in kleinlichen Bedenken verzetteln. Das
wäre falsch.

Grundeinstellung der Person
Siegeswille ist Voraussetzung, wie auch vorbildlicher Mut, der
andere mitreißen kann. Es gibt kein Zurück, darauf hat sich die/
der Handelnde einzustellen. Hier muß das eigene Beispiel den
Ausschlag geben, wie auch der Wille zum Handeln.

Die Verdrängung
Einst wurden vielleicht eine (oder mehrere) wichtige Mutproben
nicht bestanden, so daß Niederlagen unvermeidlich waren, die
aber nicht zur Kenntnis genommen und verarbeitet wurden.
Nun muß zuerst bewußt werden, warum man früher versagt hat,
damit jetzt der Erfolg eintritt.

Der Antrieb

Antreten und schon zwei Schritte statt einem tun, so ähnlich sollte die Devise lauten. Wissen, daß wenn man zum Sprung angesetzt hat, es keine Möglichkeit mehr gibt, umzudrehen. Die Vergangenheit zurücklassen, nur die Zukunft zählt.

Die Entfaltung

Es ist nicht einmal so wichtig, das ganze Ausmaß dessen zu kennen, was sich verändert. Wichtig ist, daß der gerade Weg erkannt und beschritten wird. Man muß das Abenteuer wagen, auch ohne daß man viel nachdenkt oder nach Sicherheiten sucht.

Die Gegebenheit

Mutiges Handeln ist gefordert, um nicht in einer Sackgasse zu landen. Die Umwelt ist unaufmerksam, sie muß aus dem Schlaf gerissen werden. Jetzt ist ein Startvorteil zu erringen. Eine Gelegenheit, die so schnell nicht wiederkommen dürfte.

Die Entscheidung

Schnell und wagemutig muß entschieden werden. Die Zeit läuft sonst davon. Entscheidungen erfordern oft Courage und Opfermut. Allein was überraschend in die Wege geleitet wird, hat große Chancen.

Die Umsetzung

Ist der Entschluß gefaßt, die Entscheidung gefallen, dann sollte die Umsetzung mit allen Konsequenzen durchgeführt werden. Hintertürchen dürfen nicht ins Kalkül einbezogen werden, das käme einer selbsteingestandenen Niederlage gleich, es wäre Selbstbetrug, und alles wäre aus.

Das Ziel

Es wird auf schnellstem und geradem Wege anvisiert. Die Luftlinie ist der kürzeste Weg. Umwege kosten nur Zeit. Spurtkraft wird verlangt, denn je eher das Ziel erreicht ist, um so fester ist die Grundposition, die sich bietet, wenn der Lorbeer winkt, der den ersten, die ankommen, überreicht wird.

4 Das Hochhinauswollen

Da das Leben ein ununterbrochener Lernvorgang
ist, geht die Entfaltung des Menschen parallel zu
seiner Entwicklung und paßt sich dem Wandel des
Himmels und der Erde an. So wird jeder Lernende
ein Lehrer und jeder Lehrer ein Lernender – ein
ewiger Kreis, wie der Lauf der Erde um die Sonne.

Die »4« steht für das Symbol des Jupiter, folglich ist bei jeder
Frage, die die Gegenwarts- oder Zukunftsgestaltung betrifft,
nach dem Sinn dieses Symbols zu fragen. Nur sinnreiche Taten
sind wichtig, keine Aktionen nur wegen der Aktion. Auch spielt
die gerechte Grundhaltung eine führende Rolle.

Grundeinstellung der Person
Großzügigkeit ist gefragt. Der Blick sollte weit über den Teller-
rand hinaus gerichtet sein. Die Handelnden sollten bereit sein,
eher höhere Ziele anzuvisieren als kleine, auch wenn sie dabei hin
und wieder vielleicht zu hoch greifen, das macht nichts.

Die Verdrängung
Einst wurde vielleicht der Sinn vieler Handlungen nicht bewußt
gesehen. Auch könnten begangene Ungerechtigkeiten so tiefe
Scham hinterlassen haben, daß man sich nicht traute, sie wiedergutzumachen. Das muß ins Lot gebracht werden.

Der Antrieb

Überlegt und autoritär ist der Plan umzusetzen. Dabei sollte die Selbstachtung nicht aufs Spiel gesetzt werden. Es wird eine generalstabsmäßige Planung verlangt, die möglichst jedes unnötige Risiko ausscheidet und ohne große Opfer ans Ziel führt.

Die Entfaltung

Die großen Zusammenhänge darf man nie außer acht lassen. Stets wird alles am tiefen Sinn und an der Gesetzmäßigkeit gemessen. Das Ziel sollte für alle strahlen. Persönliche Egozentrik muß also überwunden werden, bevor das Handeln beginnt.

Die Gegebenheit

Alles ist vorbereitet. Schon lange ist der Zeitpunkt ausgesucht und anvisiert. Die Ausgangslage kommt nicht von ungefähr. Theoretisch ist alles bedacht, so daß es nur darum geht, nun alles in die Praxis umzusetzen, bevor Hindernisse auftauchen.

Die Entscheidung

Alles ist überlegt. Auch wenn man die Entscheidung allein verantwortet, so sind doch Freunde und Helfer eingeweiht. Der Entschluß ist zwar mutig, doch auf Risiken abgeklopft. Die Zielrichtung ist abgesichert. Der Weg selbst also fast risikolos.

Die Umsetzung

Sie geht in aller Ruhe aber konsequent vor sich, so daß die Beteiligten dies zunächst gar nicht wahrnehmen. Statt Gewalt wird Überzeugungskraft eingesetzt. Alles soll für jeden in Ruhe ablaufen, so daß niemand böse Folgen zu erwarten hat.

Das Ziel

Am Ziel angekommen, wird die Ausgangslage analysiert und weitere Planungen werden vorgenommen. Nichts wird dem Zufall überlassen. Der Sinn einer jeden Handlung wird geprüft, damit sich keine Ungerechtigkeiten einschleichen können, denn das Ende der Fahnenstange ist noch nicht erreicht, das Hochhinauswachsen nicht zu Ende.

5 Der Zwang zur Reife

*Der Mensch, der warten kann, ist von besonderer
Klugheit, weil er sich die Zeit nimmt, um zu prüfen
und abzuwägen. Wer nicht prüft, vermag nicht zu
unterscheiden, wer nicht unterscheidet, urteilt falsch
und ungerecht. Nicht nur über andere, sondern über
sich selbst.*

Die »5« steht für das Symbol des Saturn, folglich ist bei jeder
Frage, die die Gegenwarts- oder Zukunftsgestaltung betrifft, die
eigenständige Verwurzelung immer in Betracht zu ziehen. Traditionen sollten bewußt werden, wie überhaupt das Bodenständige
konzentriert beachtet werden muß.

Grundeinstellung der Person
Grundsatztreue beherrscht das Handeln. Treue zu sich selbst,
zur gewachsenen Tradition. Das Konservative als Hüter des
Bestandes bestimmt das Handeln, wo die kleinen Schritte bereits
von großer Wichtigkeit sind. Nichts darf überstürzt, alles muß
bedacht werden.

Die Verdrängung
Vielleicht wurde Schuld verdrängt, die an das Mark, an den Kern
ging und Grundüberzeugungen erschütterte. Untreue gegen sich
selbst kann meist nicht verziehen werden, also wird sie nicht
wahrgenommen, wird ausgelöscht – wenn dies auch nie vollstän-
dig gelingen kann.

Der Antrieb
Langsam dringt der Antrieb in die Phase des Beginns einer Handlung. Erst wenn es gar nicht mehr anders geht, wird etwas Neues in die Wege geleitet, und auch hier ist der Antrieb sehr gezügelt. Ist aber der erste Schritt getan, geht alles voran.

Die Entfaltung
Große Dinge werfen erst einmal ihre bedrohlichen Schatten voraus. Erst wenn diese erkannt sind, wird die Entfaltung angepackt. Das Alte bleibt aber immer bestehen. Neues kann nur auf dem Alten gedeihen. Revolutionen gibt es nicht.

Die Gegebenheit
Alles muß gut sondiert und analysiert werden. Später wird der gegebene Moment zu bestimmen sein. Dann allerdings gibt es kaum bessere Voraussetzungen für eine Wandlung und Wende, für die Umgestaltung durch kleine, aber nicht mehr zu verändernde Taten.

Die Entscheidung
Ist der Entschluß gefaßt, etwas in Angriff zu nehmen, dann ist dieser Entschluß unumstößlich, dann muß er mit allen Folgen ausgeführt werden. Dies soll man vorher bedenken, denn ein Zurück gibt es nicht. Das Neue ist dann schon das Alte.

Die Umsetzung
Was praktisch getan werden muß, wird langsam, behutsam, aber mehr als gründlich getan, und zwar von den Wurzeln her. Erst wird der Keller ausgebaut, ehe die erste Etage darübergesetzt wird, und bis zum Dachdecken vergeht eine lange Zeit.

Das Ziel
Meist ist der Endpunkt nicht sehr weit vom Startpunkt entfernt, und doch liegen dazwischen Welten, denn die Veränderung ist perfekt, sie ist vollendet. So ist dann das Neue die Heimat, wo man fest verwurzelt und nun auch völlig zu Hause ist. Hindernisse am Ziel werden systematisch beseitigt, und zwar für immer.

6 Der Entschluß

*Der kluge Mensch läßt sich vor einem wichtigen
Entschluß gut beraten und geht anschließend mit
sich selbst zu Rate, um seine Vorstellung – nun klar
erkannt – für sich und seine Mitmenschen umzusetzen. Die Fähigkeit, frei zu entscheiden, unterscheidet den Menschen vom Tier.*

Die »6« steht für das Symbol des Merkur. Folglich ist bei jeder
Frage, die die Gegenwarts- oder Zukunftsgestaltung betrifft, das
praktische Denken und Handeln mit in die Pläne einzubeziehen.
Die Gabe, die die Götter dem Menschen schenkten, die Fähigkeit, vernünftig zu handeln, ist auch eine Verpflichtung.

Grundeinstellung der Person
Das Überlegen und das daraus wachsende Handeln prägt den
Denker, den Philosophen ebenso wie den schnell reagierenden
Menschen. Der Kopf ist zwar nicht alles, aber ohne seinen Kopf
wäre der Mensch ein Tier oder eine Pflanze, die kaum über sich
hinauswachsen können.

Die Verdrängung
Alle Menschen handeln in bestimmten Situationen rein anima-
lisch, nur schämen sie sich dessen oft so, daß sie es verdrängen
und tief in sich vergraben. Wer aber in seiner Entwicklung
weiterkommen will, muß zu seinen Sünden stehen, um wachsen
zu können.

Der Antrieb

Durchdacht und witzig sollten die Triebe umgesetzt werden, damit bei allen Entwicklungen auch ein Lächeln im Auge verbleibt. Jeder Anfang gelingt am besten frei von Emotionen und Aufwallungen. Der überlegende Mensch sollte sich nicht einfach mitreißen lassen.

Die Entfaltung

Auf der Grundlage von Wissen und Erfahrungen sollte die Entfaltung, der Griff nach neuen Dimensionen, vorgenommen werden, damit weder Überstürzungen noch zu schnelles Bauen das Ganze gefährden oder einzelne überrannt werden.

Die Gegebenheit

Ist die Ausgangslage gut analysiert, dann sind die Chancen günstig. Die Gelegenheit ist beim Schopfe zu packen. Jede Chance bietet sich meist nur einmal, dies wissen nur die Denkenden und diejenigen, die aus ihrer Erfahrung Nutzen ziehen.

Die Entscheidung

Ist alles vorbereitet und durchdacht, dann wird entschieden, obwohl Korrekturen stets möglich sind, wenn sich Hindernisse in den Weg stellen. Wer denkt, wandelt sich, wer handelt, muß sich auf neue notwendige Entscheidungen einstellen, um weiterzukommen.

Die Umsetzung

Ist der Moment gekommen, da sich das Rad nicht mehr zurückdrehen läßt, ist die Umsetzung überlegt durchzuführen, wobei die Interessen anderer stets auch berücksichtigt werden sollten. Vor dem Umsetzen ist ein Gespräch mit denen zu führen, die es betrifft.

Das Ziel

Stete Beweglichkeit nach dem Erreichen des Ziels ist angebracht, da auch das Ziel selten ein Fixpunkt ist, sondern stets neues Nachdenken und praktisches Handeln herausfordert. Die Anpassung an die jeweilige Lage ist oft lebenswichtig und daher immer richtig. Sie darf nicht als Opportunismus verschrien werden.

師

7 Der Einfall

Wenn Befehle erst gegeben werden, nachdem die
Probleme aller Gefährten durchdacht wurden, kön-
nen wir von einem guten Anführer sprechen, auf
dessen Einfälle und Gedankenblitze nun jeder ver-
trauen kann; denn erst die Intuitionen sind gut, die
aus dem Nachdenken entstanden sind.

Die »7« steht für das Symbol des Uranus. Folglich ist bei jeder
Frage, die die Gegenwarts- oder Zukunftsgestaltung betrifft, die
Intuition, der Gedankenblitz wichtig, denn erst wenn die Schup-
pen von den Augen fallen, läßt sich klare Sicht, auch für die
Ferne, ausmachen, die ein gutes Steuern ermöglicht.

Grundeinstellung der Person
Intuition ist der Ausgangspunkt, die plötzliche Erkenntnis, die
auch (manchmal) als Erleuchtung anzusprechen ist. Ihr ist zu
folgen, wenn das Nachdenken für die handelnde Person eine
Selbstverständlichkeit ist. Bereitsein für das Neue ist das Gebot.

Die Verdrängung
Mancher gute Einfall wurde vielleicht aus Mangel an Zivilcourage nicht verwirklicht, verschwiegen, später dann verdrängt.
Auf diese Art kann ein Einfall nach dem anderen erstickt werden,
bis der Boden für die Intuitionen ausgelaugt und unfruchtbar ist.

Der Antrieb

Urplötzlich vermag der Entschluß zum Handeln kommen. Diesem Antrieb ist dann intuitiv zu folgen und keine Zeit mehr zu verlieren. Der schnelle Entschluß ist der Weg, auch wenn dieser ungewöhnlich ist und im Gegensatz zur üblichen Richtung verläuft.

Die Entfaltung

Das Sprunghafte reagiert gut. Auch wenn links oft vor rechts kommt (oder umgekehrt), kann dies der inneren Entfaltungskraft durchaus entsprechen. Bürokratische Arbeitszeiten hemmen. Unbelastet sollten neue Dimensionen anvisiert werden.

Die Gegebenheit

Die Ausgangslage entspricht sicher nicht der Norm, ja sie scheint hemmend, sogar hinderlich zu sein. Genau dies ist der Moment für die richtige Startposition. Wenn alle schlafen, dann ist der Moment gekommen, um sich auf den Weg zu machen.

Die Entscheidung

Der Entschluß zur Tat muß die Umwelt oder die Betroffenen wie ein Donner aus heiterem Himmel treffen, dann war er richtig. Jede Ankündigung, jede Andeutung wäre von Übel, wenn auch anfangs die meisten Wege allein beschritten werden müssen.

Die Umsetzung

Bei der Umsetzung kommt es auf neue Ideen an. Der Mut zur Umkehr sollte ausschlaggebend sein. Etwas Neues aufbauen, ohne das Alte zu vernichten – aber auch ohne auf das Alte Rücksicht zu nehmen. Wer nicht sofort die schwierigsten Probleme angeht, hat verloren.

Das Ziel

Jedes anvisierte Ziel enthält ein Risiko, das abenteuerlich erscheinen mag, aber in jedem Abenteuer liegt die Chance zu ungeahnten Entwicklungen, zur Entdeckung von Dimensionen, die den Horizont näher rücken, wo weitere Ziele winken.

比

8 Die Gemeinsamkeit

*Einfache und höhergestellte Personen werden sich
begegnen, treffen und miteinander leben. So wie
Täler und Berge eins sind, wie das Wasser zu Tale
rinnt und der Mensch versucht, den Berg zu erstei-
gen, so sollten die Menschen erkennen, daß auch sie
ein Teil des Ganzen sind, und sich lieben, wie Gott
die Menschen liebt.*

Die »8« steht für das Symbol der Venus. Folglich sind bei jeder
Frage, die die Gegenwarts- oder Zukunftsgestaltung betrifft,
auch das Gefühl, die Liebeseinstellung und die umfassende, in
einem Menschen vorhandene Hilfsbereitschaft zu berücksichtigen. Dabei hat an erster Stelle die Bereitschaft zum Verzeihen zu
stehen.

Grundeinstellung der Person
Auch wenn das Leiden groß war oder ist, die Liebe soll nicht
aufhören. Leid jedoch läßt Liebe verkümmern, das haben die
handelnden Personen zu erkennen und sich dagegen aufzuleh-
nen. Denn nur Liebe, die auch Leid akzeptiert, kann eine
helfende Liebe sein.

Die Verdrängung

Nicht gegebene Liebe, die erwartet, erhofft wurde, gräbt sich tief in die Seele eines Menschen. Aber dieses Urversäumnis muß bewußt gemacht und aufgearbeitet werden, weil diese Verdrängung das Herz auf Dauer lähmt und so seine Strahlkraft verdunkelt.

Der Antrieb

Fast selbstlos sollte der Trieb sein, auch wenn die handelnde Person damit meist überfordert sein dürfte. Doch ohne Liebe hat kein Start Chancen, ohne Liebe ist dem Antrieb, welchem auch immer, nicht zu folgen, weil niemand mit Wunden zurückbleiben darf.

Die Entfaltung

Liebevoll und von Herzen kommend sollte jede Entwicklung angegangen werden. Wer Kraft zum Schenken besitzt, sollte diese seltene Kraft immer wieder einsetzen, um Beispiel zu sein für diejenigen, die zur Liebe keinen Zugang haben, weil sie voller Angst sind.

Die Gegebenheit

Gelegenheit, Liebe zu zeigen und auszuüben, ist immer gegeben. Niemand muß auf den richtigen Moment warten. Also sollte das Herz gerade jetzt sprechen, ob man dazu aufgelegt ist oder nicht. Gefühl und Hinwendung zur Ergänzung benötigen keinen Kalender.

Die Entscheidung

Einen Entschluß allein zu fassen ist schwer. Noch schwerer jedoch ist es, sich auch im Namen des Lebenspartners zu entscheiden. Und doch muß dies sein, wobei die Überzeugung, daß es richtig ist, in der handelnden Person fest verankert sein muß, um beide zu tragen.

Die Umsetzung

Mit Fürsorge und Umsicht sollte nun die Entscheidung umgesetzt werden, damit alle Beteiligten sich des Lebens freuen können. Dabei ist auf gegenseitigen Respekt zu achten, weil einmal verlorene Liebe kaum mehr wiederzufinden ist.

Das Ziel

Am Ende sollte ein kleiner Himmel auf Erden errichtet werden. Wenn dieser Himmel auch noch nahe der Hölle ist, ist er wichtig, denn nur die kleinen himmlischen Gefilde hier unten lassen uns dem großen Himmel vertrauen, unter dessen Fittiche wir uns stellen können.

小畜

9 Die Urangst

Erst wer erleuchtet ist, der kann in sich die Urangst auslöschen, die in jedem Lebewesen wohnt. Der Instinkt rettet uns aus Gefahren, aber erst wenn dieser Instinkt kultiviert ist, führt er uns zur Inspiration, die manchmal sogar das Schöpferische des Himmels auf Erden zu wiederholen vermag.

Die »9« steht für das Symbol des Neptun. Folglich ist bei jeder Frage, die die Gegenwarts- oder Zukunftsgestaltung betrifft, das Bemühen um Inspiration notwendig. Jede gute Inspiration führt zur Hellsichtigkeit, also näher an die Schöpferkräfte des Kosmos heran, ohne die wir nicht existieren können.

Grundeinstellung der Person
Das Streben nach Erkennen aus dem Inneren, da sich der Instinkt zur Hellsichtigkeit wandelt und den Menschen so neu prägt, sollte die Grundlage für jede individuelle Handlung sein. Voraussehen, nicht Ahnen sollte angestrebt werden, um alle Kräfte voll zu nutzen.

Die Verdrängung
Der Mensch, der etwas ahnt und nicht darauf reagiert, wird unsicher, weil er die Sprache Gottes nicht verstanden hat. Dies wird verdrängt, denn wer vermag schon zuzugeben, daß er sich nicht mehr mit Gott verbunden fühlt, was heißt verloren zu sein.

Der Antrieb
Hellsichtig sollte der richtige Moment abgewartet werden, wobei das Warten das Schwerste ist, denn man muß dazu einen nach innen gerichteten Instinkt besitzen, der die animalische Reaktion nicht mehr als das Wesentliche ansieht und daher seiner Einsicht traut.

Die Entfaltung
Instinktsicher und mit dem Vertrauen, daß (geborgte) göttliche Kräfte ihm dabei helfen, macht sich dieser Mensch an die Aufgabe, die er sich (nicht nur allein) gestellt hat. Das Erkennen der inneren Weite und Freiheit öffnet ihm dabei eine neue, große Welt.

Die Gegebenheit
Wenn der Funke der Einsicht einschlägt, wenn der Himmel leuchtet, dann ist der Moment gekommen, da Handelnde vom Untersten zum Oberen streben können und die normalen Grenzen aufgehoben zu sein scheinen. Diese Menschen werden geführt, ohne es auch nur zu ahnen.

Die Entscheidung
Über die Horizonte hinaus führt der Entschluß, ohne daß dies die Umwelt merkt. Fast schleichend werden Taten eingeleitet, ohne daß jemand dies schon wahrnehmen kann. So beginnt etwas in der Stille, ohne jedes Aufsehen, und es ist doch entscheidend.

Die Umsetzung
Schnell ist meist das Werk in Angriff genommen, und zwar so, daß eigene Taten umgesetzt sind, ohne daß dies von anderen registriert wurde. Daher fällt es vielen leicht, diese Umsetzung mitzuvollziehen. Durch einen guten Instinkt wird niemand geschädigt.

Das Ziel

Weit liegt der Endpunkt, der angestrebt wird, und die Handelnden wissen meist, daß ihr Ziel in diesem Leben kaum zu
verwirklichen ist. Es liegt im schöpferischen Kosmos außerhalb
der Grenzen, die zu überschreiten uns versagt wurde. Man zielt
hoch, aber man trifft tiefer. Das muß angenommen werden.

10 Das Machtstreben

Bei allem Streben nach Macht und Einfluß muß berücksichtigt werden, daß die Rechte und die Freiheit anderer nicht in Mitleidenschaft gezogen werden dürfen. Nur der hält sich an der Macht, der Takt und Gefühl beachtet, und nur derjenige verdient es auch, mächtig und einflußreich zu sein.

Die »10« steht für das Symbol von Sonne und Pluto, wobei die Sonne (1) die Führung übernimmt. Folglich ist bei jeder Frage, die die Gegenwarts- oder Zukunftsgestaltung betrifft, zu erkennen, daß jedes Machtbedürfnis sehr egozentrisch ausgerichtet ist. Dagegen muß man ankämpfen, damit keine Seele, kein Lebenskern Schaden nimmt.

Grundeinstellung der Person
Das Machtstreben ist in jedem Menschen verborgen vorhanden, aber wenn es hervorbricht, wenn der Trieb zur Macht nicht zurückzuhalten ist, dann darf dem nur dann nachgegeben werden, wenn der Mensch reif und wissend ist, also Niederlagen verarbeitet hat.

Die Verdrängung
Viele Machtansprüche haben ihre Wurzeln in subjektiv erlittenen Niederlagen, für die man sich rächen möchte. Damit wird Macht mißbraucht. So ist in einer Selbstanalyse das Verdrängte auf die eigene Schuld hin zu untersuchen, um sich zu prüfen.

Der Antrieb
Der Antrieb scheint ungeheuer stark zu sein, ja man könnte von
einem Getriebensein sprechen. Dieser Energiestoß ist zu zähmen
und nur in Etappen zu verwirklichen. So weit es geht, und dies ist
schwierig genug, sollte der Antrieb nur zeitweise umgesetzt
werden.

Die Entfaltung
Über die Entfaltung, über das »Wie« der Verwirklichung, hat
man sich genaue Rechenschaft abzulegen. Der Machttrieb kann
nur über die Selbstbeherrschung gezügelt werden, was auch für
die Folgen gilt, die bei der Entfaltung zutage treten können.

Die Gegebenheit
Eigentlich sind die Möglichkeiten, Ansprüche zu erheben, sehr
selten gegeben. Daher sollte beachtet werden, ob nicht in der
gegenwärtigen Lage andere Dinge Vorrang hätten. Erst wenn
dies klar verneint werden kann, ist die Gelegenheit vorhanden.

Die Entscheidung
Wenn der Entschluß gefaßt ist, sollte er auch umgesetzt werden.
Wird dies nicht getan, staut sich ein Machtbedürfnis auf, das
dann kaum mehr im Zaum gehalten werden kann. Oft ist es also
besser, Niederlagen in Kauf zu nehmen, als nicht zu handeln.

Die Umsetzung
Selbstdisziplin heißt das oberste Gebot, wenn es an die praktische Umsetzung geht. Wer andere disziplinieren will, muß sich
selbst in der Hand haben. Auch Umsicht ist gefragt, damit der
Machtergreifung nicht gleich der Sturz in die Tiefe folgt.

Das Ziel
Ein Höherhinaus gibt es nicht mehr, das sollte frühzeitig mit in
jede Überlegung einbezogen werden. Es kann danach nur noch
bergab gehen. Also sollte dieses Ziel das Lebensziel darstellen
und als Selbstprüfung angesehen werden. Das Ziel dann gerecht
auszufüllen, ist letztlich die Hauptaufgabe.

11 Die Stärke

Der selbstbewußte Mensch, der sich selbst überwunden und damit seine guten Anlagen potenziert hat, besitzt eine Stärke, die andere sich ersehnen. Er lebt im Einklang mit dem Himmel und der Erde, fühlt sich im Kosmos eingebunden und kann damit zum allseitigen Vertrauen beitragen.

Die Zahl »11« steht als Symbol für Sonne plus Sonne. Eine Meisterzahl. Folglich ist bei jeder Frage, die die Gegenwarts- oder Zukunftsgestaltung betrifft, das eigene Ich in voller eigenständiger Verantwortung kritisch selbst zu befragen. Ein mit dieser Kraft angerichteter Schaden ist kaum wiedergutzumachen.

Grundeinstellung der Person

Von der eigenen Stärke überzeugt zu sein gibt Kraft. Aber ebenso ist die Gefahr der Verblendung gegeben. Die handelnde Person hat sich also weder selbst zu bewundern noch anzubeten. Als Gegenpol muß die Selbstbescheidung ausgeprägt sein.

Die Verdrängung

Meist ist der Wunsch der Vater der Gedanken. Wenn aber der Wunsch, der erste zu sein, übermäßig stark ausgeprägt ist, wird dies meist verdrängt. Also ist vor jeder Tat zu fragen, ob nicht im Verdrängten die wahre Triebfeder liegt, es den anderen zu beweisen.

Der Antrieb

Egozentrik mag beim Antrieb stets wichtig, ja sogar notwendig sein, aber die handelnde Person sollte ihre eigene Egozentrik zurückhalten, ja abbauen, weil sonst das Ziel in weite Ferne rücken könnte. Allein aus der Mitte heraus ist der Antrieb zu gestalten.

Die Entfaltung

Selbstbewußt und bescheiden, aber auch voll Demut muß die Entfaltung schöpferisch vorgenommen werden, in der Überzeugung, daß dies dem Schöpfer des Kosmos gefallen wird. Nur im Einklang mit ihm kann das große Werk letztlich vollendet werden.

Die Gegebenheit

Meist zeigt sich ständig eine Gelegenheit, um günstig die Zeit zu nutzen. Doch sollte erst die Situation reif sein. Jede zu frühe Ernte bringt nichts ein, sondern behindert das Wachstum manchmal auf Jahre hinaus. Abwarten können, lautet die Devise.

Die Entscheidung

Nicht nur aus der eigenen Stärke heraus ist der Entschluß in die Tat umzusetzen, sondern im Einklang mit Gott, der Natur und der allgemeinen Lage. Eine besinnliche Klausur sollte der Entscheidung vorausgehen, weil danach nichts mehr zurückzunehmen ist.

Die Umsetzung

Eine Entscheidung aus eigener Kraft fällt oft leicht, aber wer nicht weiß, wie die Umsetzung erfolgen muß, der ist hilflos. So muß man vorher wissen, was zu tun ist, denn oft können Menschen vor lauter Kraft nicht richtig laufen und stürzen schnell.

Das Ziel

Wenn das Ziel nahe ist, besteht die Gefahr, die letzten Meter zu stürmisch anzugehen. Das Ziel sollte aber ruhig angelaufen werden, denn gerade die letzten Meter sind entscheidend, und ein Endspurt bedeutet in den meisten Fällen, über das Ziel hinauszuschießen, das heißt, es zu verfehlen.

12 Das Verweilen

Wie Sonne und Mond miteinander harmonieren, so
soll auch das Bewußtsein eines Menschen mit seiner
Seele in Harmonie verbunden sein. Das heißt jedoch
auch, daß alles Bewußte sich zuerst in der Seele
niederschlagen muß, ehe neue Dinge angegangen
werden können. So ist ein Verweilen oft die wichtig-
ste Voraussetzung für die innere Harmonie.

Die Zahl »12« steht für das Symbol von Sonne und Mond, dabei übernimmt die Sonne (1) die Führung. Folglich ist bei jeder Frage, die die Gegenwarts- oder Zukunftsgestaltung betrifft, zu bedenken, daß das Unbewußte sich dem Bewußten unterwerfen sollte. Das Bemühen um Ausgeglichenheit ist also die Grundvoraussetzung für das Werden.

Grundeinstellung der Person

Die Mitte wird einem nicht geschenkt, sie muß errungen werden. Jede handelnde Person erfährt dies. Wer die Mitte nicht findet, muß immer wieder von vorn anfangen. Das kann als Aufgabe angesehen werden, mit sich selbst fürsorglich umzugehen.

Die Verdrängung

Jede lieblose Handlung betrübt die Seele und wird darum verdrängt. Mit jeder derartigen Verdrängung stirbt ein Teil der Liebeskraft nach dem anderen, bis nur noch Berechnung als Maßstab zurückbleibt. Und dieser Maßstab ist der falscheste, den es gibt.

Der Antrieb

Aus der Ruhe, der Stille soll jeder Entschluß kommen. Wenn die handelnde Person gut geschlafen hat, beweist das, daß die Seele ihr Einverständnis kundgetan hat. Keine Zweifel, keine Zerrissenheit dürfen beim Beginn auch nur ahnungsweise im Spiel sein.

Die Entfaltung

Sie ist lebenswichtig, da sich der Kreis aus der Mitte heraus erweitern soll. Die Mitte ist nur Ausgangspunkt. Andere Ansätze sind in den eigenen Kreis mit einzubeziehen, damit das Streben der in sich eingebundenen Sternenkräfte am Himmel nachvollzogen werden kann.

Die Gegebenheit

Die Chancen zur Ausweitung sind gegeben, wenn die Zeichen des Himmels verstanden werden. So wie das Wechselspiel von Sonne und Mond anzeigt, wann das Alte abstirbt, wann der Neubeginn günstig ist, so hat der Mensch sich und seine Kräfte zu befragen.

Die Entscheidung

Überlegte Entschlüsse müssen zum Inhalt haben, daß es zwar möglich ist, sie zurückzunehmen und zu korrigieren, daß aber stete Zurücknahmen die Entscheidungsfreude lähmen. Halbherzige Entscheidungen sind die gefährlichsten, die es gibt.

Die Umsetzung

Nach der endgültigen Entscheidung dürfte es keine Probleme geben, denn die natürliche Autorität, die aus dem inneren Einklang erwächst, breitet sich von allein, ohne jedes Zutun, aus. Das Warten auf den Gang der gelenkten Dinge ist das Gebot der Stunde.

Das Ziel

Harmonie für sich, seine Umwelt, seine Familie und für alle, die das eigene Leben berühren, zu schaffen, sollte das Ziel aller Handlungen dieser Menschen sein. Sie haben das Vorbild der ausstrahlenden Mitte zu geben, da ihre Gabe sehr selten ist, ja als verpflichtendes Geschenk angesehen werden muß.

13 Die Strebsamkeit

Die Menschen, die einfach und genügsam leben,
werden von dem Wunsch geplagt, das einfache
Leben zu verändern, um aufzusteigen und Karriere
zu machen. Dabei vergessen sie, daß dies den Ein-
satz der ganzen Person verlangt und meist mit
großen Opfern verbunden ist und der Aufstieg nicht
einmal garantiert ist.

Die Zahl »13« steht für das Symbol von Sonne und Mars, wobei die Sonne (1) die Führung übernimmt. So ist bei jeder Frage, die die Gegenwarts- oder Zukunftsgestaltung betrifft, zu erkennen, daß der ehrgeizige Wille sehr egozentrisch orientiert ist. Das Bemühen, nach oben zu kommen, sollte also distanzierter vorgenommen werden.

Grundeinstellung der Person
Der Ehrgeiz, der Willenseinsatz scheint zu persönlich ausgerichtet zu sein. Die Lebensaufgabe könnte daher zu sehr mit der eigenen Person verbunden werden, so daß die Handelnden sich leicht außerhalb der Gemeinschaft stellen, weil eigener Ehrgeiz sie zu sehr treibt.

Die Verdrängung

Die Gefahr, den Lebenskampf mit Ellenbogen zu bestehen und andere verletzt zurückzulassen, ist groß. Doch kaum jemand bekennt sich dazu. Statt dessen wird es verdrängt. Doch alles Verdrängte lebt weiter in uns, bis es durch Wiedergutmachung befreit wird.

Der Antrieb

Handlungen sollten nicht zu sehr vom egozentrischen Willen gesteuert werden, so verständlich dies sein mag. Aber Egozentrik wandelt sich schnell in Egoismus, der dann in der Umwelt einen Schaden anrichtet, der kaum wiedergutzumachen ist.

Die Entfaltung

Wenn die Entfaltung einen Sinn haben soll, man also das Persönliche nicht als Maßstab aller Dinge nimmt, dann ist – so schwer dies fällt – der Wille objektiver einzusetzen. Die Handelnden scheinen durchaus so stark zu sein, daß sie sich dies leisten können.

Die Gegebenheit

Für jede neue Planverwirklichung sollte die Ausgangslage neutral sein. Sicher läßt sich so ein Moment nur schwer finden, aber das Bemühen darum wäre schon der halbe Sieg. Die Chancen müssen gleichmäßig verteilt sein, um Ungerechtigkeiten in Grenzen zu halten.

Die Entscheidung

Wenn die Entscheidung von so starkem persönlichen Willen geprägt ist, wie es scheint, dann ist sie mehrmals zu durchdenken. Ist sie aber gefallen, dann muß die handelnde Person, egal was kommt, dafür geradestehen, notfalls mit individuellen Opfern.

Die Umsetzung

Auch bei der praktischen Umsetzung sollte die handelnde Person sich bemühen, objektiv und gerecht zu agieren, was mit Sicherheit manche Selbstüberwindung verlangt. Aber an nichts anderem wächst ein Mensch so sehr wie an der Selbstüberwindung.

Das Ziel

Ans Ziel gelangt zu sein, wird sicher als persönliche Genugtuung empfunden. Dabei sollte es eine Ehrensache sein, die Unterlegenen in die Arme zu nehmen, um sie die Niederlage nicht zu schmerzhaft empfinden zu lassen. Aus Beistand könnte dann Freundschaft werden.

大有

14 Das Wohlergehen

Besitztümer stärken das Selbstbewußtsein und ge-
ben Sicherheit. Besitz schafft Privilegien, die jedoch
Verantwortung beinhalten, so wie sie die meisten
Gesetze verlangen. Denn wer hat, der soll auch
geben, darum muß jeder Besitz auch gut verwaltet
und verantwortungsvoll vermehrt werden.

Die Zahl »14« steht für das Symbol der Sonne und des Jupiter, wobei die Sonne (1) die Führung übernimmt. Folglich ist bei jeder Frage, die die Gegenwarts- oder Zukunftsgestaltung betrifft, zu berücksichtigen, daß jede Entfaltung nicht zu persönlich ausgerichtet sein sollte, sondern allen zugute kommen muß.

Grundeinstellung der Person
Es besteht die Gefahr, daß die handelnde Person zuviel vom großen Kuchen besitzen möchte und nicht bedenkt, daß, wenn sie zuviel besitzt, es andere gibt, die ihr dann mehr als das Zuviel nehmen wollen und auch werden. So ist Bescheidenheit sicherer.

Die Verdrängung
Der Besitztrieb ist in jedem Menschen verborgen, aber auch die Scham, zuviel zu besitzen; nur wird dies meist derart verdrängt, daß auch der Besitz verschwiegen wird, um keine Neider auf den Plan zu rufen. In Wahrheit aber wird den anderen alles geneidet.

Der Antrieb

Wer hat, der will leider mehr haben, denn nur die Menschen merken nicht, wann sie gesättigt sind. So sollte jeder, bevor er zum Futtertopf schreitet, sich auch fragen, ob er wirklich hungrig ist, oder ob es nicht noch andere gibt, die größeren Hunger haben.

Die Entfaltung

Jede Entfaltung nimmt – wird sie nicht gebremst – meist zu große Dimensionen an, also ist die Entfaltung im voraus zu bedenken. Denn eine zu besitzergreifende Entfaltung läßt sich nur mit Entbehrungen bremsen und führt oft zur Besitzlosigkeit.

Die Gegebenheit

Viele Menschen meinen, jede Gelegenheit, die sich bietet, müsse genutzt werden, um den Besitz zu mehren, und reden sich selbst ein, daß die Zeit dafür günstig ist. Das ist sie aber nur, wenn die Betroffenen dabei nichts verlieren, sondern gewinnen.

Die Entscheidung

Wer sich – und nicht nur vom materiellen Besitz her – vergrößern will, dem sollte auch bewußt sein, daß eine Entscheidung, einmal getroffen, schwer rückgängig zu machen ist. So ist es oft besser, subjektiv Verzicht zu üben, um objektiv zu gewinnen.

Die Umsetzung

Meist werden neutrale Bewerber benötigt, weil das Ich zu sehr auf Expansivkurs gesteuert wurde. Zumindest sollten gute Freunde, so man sie noch hat, zu Rate gezogen werden. Sich selbst als Gutachter seiner Handlungen zu wählen, wäre tödlich.

Das Ziel

Ob sie am Ziel angekommen sind, können Menschen häufig nur sehr schwer selbst bestimmen. Man meint, daß das Ziel nie erreicht wird, oder man schießt über das Ziel hinaus. Die Entfaltungssucht beansprucht Dimensionen, die dazu verleiten, unruhig von Pol zu Pol zu steuern.

15 Die Mäßigung

*Die Dynamik lebt in der Natur, aber auch der
Ausgleich. Das heißt: Jeder dynamischen Bewegung
folgt ein Ruhepunkt. Jedem Überschwang ein Maß-
halten. So halten sich Tag und Nacht, Yang und Yin,
Mann und Frau wie Himmel und Erde die Waage,
damit keine Waagschale zu einseitig belastet wird.*

Die Zahl »15« steht für das Symbol von Sonne und Saturn, wobei
die Sonne (1) die Führung übernimmt. Folglich ist bei jeder
Frage, die die Gegenwarts- oder Zukunftsgestaltung betrifft, die
persönliche Auffassung wichtiger als verkrustete Traditionen,
wenn auch das eigene Erbe nie verleugnet werden darf.

Grundeinstellung der Person
Das Erbe fesselt und bindet uns, aber wenn die Bindung zur
Fesselung führt, dann braucht es persönlichen Mut, um sich von
der Nabelschnur abzuschneiden, damit das Eigene in Freiheit
wirken kann. Du hast die Eltern zu ehren, sie aber auch zu
überwinden.

Die Verdrängung
Oft scheint es leicht, sein Herkommen zu verleugnen, um sich
nicht seines Erbes zu schämen. Aber die große Vergangenheit
holt einen doch stets wieder ein, zwingt jeden, seine Verdrängun-
gen zu bewältigen, selbst wenn dies erst am Ende des Lebens
geschieht.

Der Antrieb
Die Lust am Neuanfang kann die stärkste Antriebskraft darstellen, das Alte hinter sich zu lassen, um alles besser zu gestalten. Aber einen wahren Neuanfang ohne Rückblick gibt es nicht, das sollte jedem vor einem neuen Startversuch klar sein, damit dieser gelingt.

Die Entfaltung
Ist der Start gewagt, dann beginnt erst das Eigentliche, denn das Ich muß und will sich in jedem neuen Bereich verwurzeln, will die neue Umgebung zur Heimat machen und nicht wie eine Blüte im Staub des Windes verwehen, ohne seßhaft geworden zu sein.

Die Gegebenheit
Vorsicht ist besser als Nachsicht und Skepsis oft wichtiger als Risikofreude. Folglich ist zu warten, bis die Zeit, die Umstände reif sind. Kluge lassen sich auch nicht verwirren, wenn Frühstarter lospreschen, sowie sich nur ein Sonnenstrahl am Himmel zeigt.

Die Entscheidung
Weiterführende Entschlüsse müssen auf den Erfahrungen der Vergangenheit aufbauen. Es reicht also nicht die letzte Vergangenheit, sondern alles insgesamt, so wie sich eine Summe aus vielen vorangegangenen Zahlen zusammensetzt. Dies ist zu beachten.

Die Umsetzung
Wirklich Neues kann nur gestaltet werden, wenn sich persönlicher Mut zeigt. Auch das Alte mit seinen Vor- und Nachteilen will analysiert sein. So kommt man zu neuen Erkenntnissen darüber, wie die Zukunft auf Dauer für alle uns Nahestehenden gestaltet werden soll.

Das Ziel

Es liegt in der Nähe. Nur von Schritt zu Schritt kann ein Ziel nach dem anderen in die Zukunft führen. Jedes nahe Ziel bedeutet Zukunft, auch wenn die Gegenwart noch gegenwärtig, die Vergangenheit kaum vergangen ist. Wahrer Fortschritt kommt oft langsam, aber das Langsame ist schwerer aufzuhalten als das Stürmische.

16 Die Einsatzfreude

Die Menschen sehnen sich immer nach harmoni-
schen Zuständen, aber sie spüren auch, daß Harmo-
nie allein auf die Dauer nicht weiterführend ist, da
die größte Gabe des Menschen, das Denken, dann
nicht angeregt und nicht schöpferisch genutzt wer-
den kann. Die Menschen wollen das Leben genießen
und dabei noch das Neue erfahren.

Die Zahl »16« steht für das Symbol von Sonne und Merkur,
wobei die Sonne (1) die Führung übernimmt. Folglich sind bei
jeder Frage, die die Gegenwarts- oder Zukunftsgestaltung betrifft, Zweifel zurückzustellen, um das eigene Fortkommen nicht
zu behindern, wenn die auch überlegt angegangen werden muß.

Grundeinstellung der Person
Das Denken ist den Menschen wichtig, deren Gedanken weit
zurück oder voraus schweifen. Aber das Denken sollte nicht zu
sehr von der eigenen Person ausgehen, weil es sonst eine Tendenz
bekommt, die alles nur subjektiv widerspiegelt und nicht das
Ganze sieht.

Die Verdrängung
Je schärfer der Verstand ausgestattet oder trainiert wurde, um so
leichter fällt es, unangenehme Gedanken und Vorgänge in sich zu
begraben, da anscheinend nur das Gesetz der Logik alles ausrich-
tet. Doch die Logik der Seele ist nicht zu belügen.

Der Antrieb
Die Triebe werden vom Denken analysiert und gesteuert. Der Beginn ist überlegt und wohl berechnet. So fühlt sich der Handelnde sicher und frei.

Die Entfaltung
Wie der Start ist auch die Entfaltung vorausberechnet, Irrtümer scheinen einkalkuliert zu sein. Und doch zeigt die Praxis, daß nicht alles vorausberechenbar ist, am wenigsten die Reaktionen der Menschen, während die der Tiere und Pflanzen abzuschätzen sind.

Die Gegebenheit
Eine genaue Analyse reicht, da der Handelnde seinen Überlegungen vertraut und sonst niemandem. Es braucht nur einen Termin, der errechnet wurde, um das Rad des Schicksals in Gang zu setzen, aber anzuhalten ist es dann nicht mehr.

Die Entscheidung
Gedanklich gut eingestellt, wird die Entscheidung nach Programmabsprache wie mit dem Computer gefällt und dann mit überlegten Plänen durchgeführt. Ein Fahrplan ist erstellt worden, der nun alles richtet. Fehler oder menschliche Unzulänglichkeiten plante man jedoch nicht mit ein.

Die Umsetzung
Nach praktischen Gesichts- und Erfahrungspunkten wird der erstellte Fahrplan durchgeführt, und aufgrund dieser korrigierten Praxis werden dann neue Pläne berechnet und umgesetzt. So wird ein zuverlässiges Funktionieren erwartet.

Das Ziel
Das Ende ist – wie alles – berechenbar, auch wenn die Gefahr besteht, daß das Individuelle der Handelnden auf der Strecke bleibt. Aber letztlich setzt sich die Persönlichkeit doch durch, da das Denken eine Gabe ist, die auch zu korrigieren, ja sogar abzuschalten ist, wenn die Erwartungen nicht erfüllt wurden.

17 Die Konsequenz

Der Mensch sah zum Himmel, um die Zeit zu finden. Wurde es dunkel, machte er es der Sonne nach und zog sich in eine dunkle Höhle zurück; ging die Sonne am Horizont wieder auf, dann kam auch der Mensch aus seiner Höhle. So zog er die Konsequenz aus dem, was er sah, und richtete sein Leben danach ein. Heute ist diese Klarheit oft verlorengegangen.

Die Zahl »17« steht für das Symbol von Sonne und Uranus, wobei die Sonne (1) die Führung übernimmt. Folglich ist bei jeder Frage, die die Gegenwarts- oder Zukunftsgestaltung betrifft, das Intuitive, der Einfall auf die handelnden Personen zu richten, damit diese die richtige Konsequenz aus ihren Intuitionen ziehen.

Grundeinstellung der Person
Menschen, die Einfälle haben, sind dem Genius sicher näher als die, die stumpf dahinleben. Aber Einfallsreichtum ist schulbar, und so vermag jeder Mensch einem (seinem) Genius näherzukommen, wenn er sich nur bemüht und konsequent den Weg des Lernens geht.

Die Verdrängung
Häufig wird die Pflicht des Lernens verdrängt, wenn man den ersten Schritt ins Leben getan hat. Am Ende tritt mancher nur

mit Scham seinen Enkeln entgegen, weil er nicht mehr aus seinen Möglichkeiten gemacht hat. Das Muß dazu hatte er leider verdrängt.

Der Antrieb

Kommt der Wunsch nach Veränderung nur gelegentlich, dann besagt dies noch nicht viel. Steigt aber der Wunsch urplötzlich aus der Tiefe hervor, dann sollte man die Konsequenz auf sich nehmen und den Wunsch tatkräftig und rasch in die Realität umsetzen.

Die Entfaltung

Der Wille zur Veränderung ist oft vorhanden, wenn auch die Ausrichtung noch im dunkeln liegt. Trotzdem ist das Abenteuer zu wagen, da der Intuition in der Regel zu trauen ist. Das Ich kennt Grenzen, die nur durch Wagnisse hin und wieder zu überspringen sind.

Die Gegebenheit

Gelegenheiten sind, werden sie durch Intuitionen ausgelöst, meist nicht genau zu erkennen. Der Sprung ins Dunkle ist dann notwendig. Wie die Sonne ins Dunkle einkehrt und wieder aufsteigt, so steigt dann der Handelnde aus der Versenkung zu neuen Taten auf.

Die Entscheidung

Sind Intuitionen auch kaum zu analysieren, so sollte man doch dem vorhandenen Wissen in sich vertrauen. In einer gefährlichen Situation stellt sich das richtige Reagieren oft wie von selbst ein. In diesem Vertrauen kann man sicher entscheiden.

Die Umsetzung

Nach dem Einfall, der erlöst, müssen alle handelnden Personen zu ihren Intuitionen stehen und die Konsequenzen tragen. Das zieht sich oft sehr lange hin, aber dem Geschenk des schnellen Starts folgt meist die Pflicht der langen Aufarbeitung.

Das Ziel

Kaum ist das Zielband durchschnitten, taucht am Horizont ein neues Ziel auf. Jeder Bergsteiger kennt das: Hat er einen Gipfel erstiegen, lockt ein noch höherer. Das zwingt ihn dazu, zurück ins Tal zu gehen, um sein neues Abenteuer konsequent zu planen. So führt ein Gipfel zum anderen, ein Einfall zum folgenden.

18 Das Gutmachen

Fehler begeht jeder – und da das Leben weitgehend von der Vergangenheit bestimmt wird, geht es darum, die Fehler aus der Vergangenheit gutzumachen, auch wenn kein äußerer Anlaß dazu besteht, ja selbst wenn von liebgewordenen Traditionen und Bräuchen Abstand genommen werden muß. Denn ohne dies gibt es keine Entwicklung.

Die Zahl »18« steht für das Symbol von Sonne und Venus, wobei die Sonne (1) die Führung übernimmt. Folglich ist bei jeder Frage, die die Gegenwarts- oder Zukunftsgestaltung betrifft, das persönliche Gefühl, die allgemeine Liebeseinstellung mit einzubeziehen, damit die Seele in Frieden reifen kann.

Grundeinstellung der Person
Die Sehnsucht der Menschen nach Liebe, die sie von anderen empfangen möchten, sollte im eigenen Herzen beginnen. Erst wer andere liebt, hat einen gewissen Anspruch auf Liebe, obwohl Liebe, dies muß eingesehen werden, immer ein Geschenk darstellt.

Die Verdrängung
Lieblosigkeit oder nur Liebesarmut lösen beim Partner tiefe Schmerzen aus, die eines Tages auf uns zurückfallen, auch wenn der Anlaß längst vergessen – sogar verziehen wurde. Nicht zu lieben ist ein Vergehen, auch wenn man das nicht gern zugibt.

Der Antrieb

Mancher wird erst durch das Elend anderer, mit dem er plötzlich konfrontiert wird, angetrieben, sich zu wandeln. Mancher braucht den Funken der Emotion, um sein Herz als die Triebfeder des Handelns anzuwerfen und in Aktion zu setzen.

Die Entfaltung

Liebe gibt die größte Kraft zur Entfaltung, egal in welche Richtung sie geht. Das Gefühl vermag mehr als der Verstand, und Menschlichkeit ist mit dem Verstand nur oberflächlich zu verwirklichen. Erst die innere Aufgewühltheit bricht die Dämme des Ichs.

Die Gegebenheit

Es gibt keinen anderen Moment als das *Jetzt* und *Ewig*. Für die All-Liebe gibt es keine Wahl der günstigen Gelegenheiten, gibt es keinen überlegten, geeigneten Zeitpunkt. Liebe hat immer bereit zu sein, nicht auf Gelegenheiten zu warten.

Die Entscheidung

Wenn das Herz, mit Liebe gefüllt, eine Entscheidung wagt, dann ist dies vielleicht vom Verstand her nicht zu verstehen, aber als Entschluß stets richtig. Die Liebe darf jedoch nicht zur Sucht werden, nur um sein kaltes Herz an anderen zu wärmen.

Die Umsetzung

Liebe ist eine zarte Pflanze, obwohl sie stabil und zäh sein kann. Doch die Neider der Liebenden sind genauso zahlreich wie die Feinde einer Pflanze. So braucht jede Blüte ihren Schutz und jede Liebe ihre Pflege, um Wachstum und Bestand zu sichern.

Das Ziel

Liebe kennt kein Ziel, denn Liebe will immer wachsen. Und so weit der Himmel auch sein mag, so fern ist die Grenze der Sehnsucht, die nach Erfüllung trachtet. Wer liebt, meint sich den Himmel auf Erden schaffen zu können, aber er lebt mit der Gefahr, in eine Hölle zu stürzen, wenn die Liebe stirbt.

臨

19 Die Annäherung

Große Erfolge allein nutzen wenig, wenn diese Erfolge nicht auf andere Menschen übertragen werden können. Dies bedingt für die Erfolgreichen, sich den anderen anzunähern, denn allein die Gegenseitigkeit ist fruchtbar und wirkungsvoll. Das läßt große innere Korrektheit erwarten, ohne die keine Gesetze funktionieren, denn nur natürlich gewachsene Gesetze wirken.

Die Zahl »19« steht für das Symbol von Sonne und Neptun, wobei die Sonne die Führung übernimmt. Folglich ist bei jeder Frage, die die Gegenwarts- oder Zukunftsgestaltung betrifft, nicht nur das bewußte Ich zu befragen, sondern auch der animalische Instinkt, der jedem Wesen mitgegeben wurde.

Grundeinstellung der Person
Die Entwicklung des Menschen beginnt tief unten, da, wo der Instinkt sitzt, der uns schützt und hilft, Nahrung und Wasser zu finden, und der die Fortpflanzung garantiert. Wer dies noch in sich spürt, der ist der Natur näher als alle Kopfmenschen.

Die Verdrängung
In jedem von uns leben tierische Instinkte, animalische Bedürfnisse, doch wir mögen dies nicht zugeben, aus Angst, aus dem Kulturkreis ausgeschlossen zu werden. Also verdrängen wir die Kraft, die uns einst lehrte zu überleben und uns zu entwickeln.

Der Antrieb

Instinktiv etwas tun, das ist wirkungsvoller als jede Reaktion, die aus dem Kopf kommt. Zu handeln, ehe gedacht werden kann, ist unter Umständen lebensrettend, wie es in Kriegen oder auf den Straßen immer wieder bestätigt wird; also ist der instinktive Antrieb oft der berechtigtste Start.

Die Entfaltung

Wie Tiere und Pflanzen sich auf sogenannte natürliche Art und Weise entfalten, indem sie sich vermehren, so tun es die Menschen, die aus dem Instinkt heraus ahnen, wo ihre Grenzen, aber auch ihre Sehnsüchte liegen, ohne das Ziel genau ins Visier nehmen zu müssen.

Die Gegebenheit

Wann der Moment günstig ist, ist für den einzelnen oft eine Instinktfrage. Nur ist leider der Instinkt meist weitgehend verschüttet, so daß ihm nicht zu trauen ist. Ihn wiederzufinden ist eine lohnende Aufgabe, um Selbsttäuschungen zu entgehen und Klarheit zu gewinnen.

Die Entscheidung

Die meisten Menschen werden zu Entscheidungen gezwungen; sie haben die Gestaltung ihres Lebens kaum mehr in der Hand. Das gilt besonders für diejenigen, die meinen, den Instinkt im kleinen Finger zu haben, und nicht wissen, wie sie sich täuschen.

Die Umsetzung

Hier kommt es auf das Fingerspitzengefühl an, das besonders bei denen gut ausgeprägt ist, die nicht nur sehen können, weder nach innen noch nach außen. Aber ihr Tastsinn und ihr Taktgefühl gibt ihnen die Sicherheit, das zu verwirklichen, was sie geplant haben.

Das Ziel

Das Ziel liegt für viele oft viel näher, als sie denken, weil sie den Wald vor lauter Bäumen, die Wiese vor lauter Blumen nicht sehen. Ist der Blick zu sehr nach oben gerichtet, ist die Gefahr des Sturzes nah. Das heißt also: ein Ziel in der Nähe anzuvisieren, um dann Schritt für Schritt voranzukommen.

20 Die Betrachtung

Wer in seinem Leben eine hohe Position eingenommen hat, der braucht – um diese Position zu halten – einen weiten Horizont. Jedoch sollte der weite Blick nicht nur nach außen, sondern auch nach innen gerichtet sein. Denn der Mensch in hoher Position ist der Kritik ausgesetzt, und die wehrt jeder dann am besten ab, wenn er selbstkritisch ist.

Die Zahl »20« steht für das Symbol von Mond und Pluto, wobei der Mond (2) die Führung übernimmt. Folglich ist bei jeder Frage, die die Gegenwarts- oder Zukunftsgestaltung betrifft, zu überlegen, wieweit sich die seelische Kraft durchsetzen kann, die in uns lebt und aus uns wirkt.

Grundeinstellung der Person

Menschen, die es nicht verlernt oder wieder gelernt haben, von der Kraft ihrer Seele zu zehren, sind nicht leicht aus der Bahn zu werfen, denn das Unbewußte in uns ist eine Macht, die den einzelnen beherrscht. Diese Kraft sollte jeder bewußt nutzen.

Die Verdrängung

Die ewige Kraft der Seele, die vor uns lebte und nach uns leben wird, ist die Kraft, die vom Intellekt am stärksten verdrängt wird. Jeder trägt seine Schuld an dieser Verdrängung, der eine mehr, der andere weniger, je nach der Stärke, mit der er seine Seele verleugnet.

Der Antrieb

Jede Quelle, die sich zu einem starken Strom entwickelt, kommt aus dem Schatz der Tiefe. Dort liegt ihr Ursprung, von dort wird sie nach oben getrieben, um ihren Segen zu spenden. Je dunkler der Ursprung des Borns, um so mehr Kraft ist in ihm enthalten.

Die Entfaltung

Die Ausweitung einer Kraft aus der Tiefe geschieht wie von allein. Ist die Quelle erst einmal offen, ist der Durchbruch erst einmal geschafft, dann entfaltet sich alles wie von allein, ganz selbstverständlich, ohne großes Aufsehen. Das ist die Gnade.

Die Gegebenheit

Selten sind im Leben die Momente, da das Leben, das Schicksal wie selbstverständlich abläuft, da sich ein Stein zum anderen fügt, um zu einer Pyramide zu werden. Die Gegebenheiten dazu sind mehr als selten und sollten genutzt werden.

Die Entscheidung

Es liegt allein an jedem Menschen, ob und wann er eine Entscheidung trifft, die sich von allen anderen Tagesentscheidungen wesentlich unterscheidet; denn sonst richtet er sich nach dem Gesetz des Tages, hier aber bestimmt das kosmische Gesetz.

Die Umsetzung

Wer in sich sicher ist, dem bereitet jede praktische Folgerung seiner Entscheidung keine Schwierigkeiten, solange die innere Harmonie nicht verlorengeht. Die Mitte steuert nach allen vier Richtungen richtig aus und gibt eine ungeheure Sicherheit.

Das Ziel

Das Ziel mag nicht immer klar erkennbar sein, weil das Ziel wie die Seele im Dunkeln ruht, wie das Werden und das Vergehen eins sind, wie Leben den Tod bedingt, der Tod das Leben darstellt. Das Ziel ist es wohl, etwas vom ewigen großen Kreislauf zu wissen, der uns sicher unseren Weg finden läßt.

噬嗑

21 Die Kraftreserve

Wenn Sonne und Mond im Menschen harmonieren – also das Bewußtsein und das Unbewußte, Lebens- kern und Seele –, dann besitzt der Mensch eine schier unendliche Kraftreserve, die ihn befähigt, über andere zu richten oder sie zu strafen. Dazu bedarf es einer gewachsenen Autorität, die alle Gesetze – erst auf die eigene Person hin orientiert – anwendet.

Die Zahl »21« steht für das Symbol von Mond und Sonne, wobei der Mond die Führung übernimmt. Folglich ist bei jeder Frage, die die Gegenwarts- oder Zukunftsgestaltung betrifft, darauf zu achten, daß das Unbewußte das Bewußtsein leitet, so daß die Handlungen ihre Verankerung in der eigenen Tiefe haben.

Grundeinstellung der Person
Läßt sich das Bewußtsein von der Seele lenken, dann besteht eine Selbstsicherheit, die keiner Erklärung bedarf. Diese Menschen sind einen weiten Weg gegangen, den andere so schnell nicht nachvollziehen können. So sind ihnen diese Menschen fremd und nah zugleich.

Die Verdrängung

Eine große Chance zu versäumen ist schmerzhaft, weil dies dem Menschen erst viel später klar wird. Dann ist die Ausgangslage längst verdrängt und daher nicht mehr nachvollziehbar, so daß es sehr schwerfallen mag, aus diesem Versäumnis Lehren zu ziehen.

Der Antrieb

Ständig ist der Antrieb vorhanden, denn die Seele will reifen, und zur Reife bedarf es der Handlungen. Jede Handlung, die von der Seele angetrieben wird, also wie aus dem Schlaf kommt, ist eine Handlung, die unbedingt wahrgenommen und verwirklicht werden muß.

Die Entfaltung

Wenn Handelnde voll und ganz hinter ihren Aktionen stehen, dann bringt ihnen allein diese Grundeinstellung bereits die Kraft, nach dem Anfang, dem Start, in die weiteren Entwicklungsdimensionen einzusteigen und diese nun auch zum guten Ende zu führen.

Die Gegebenheit

In der inneren Bereitschaft, auch Opfer zu bringen und Dank zu wissen, wenn jemand etwas erlangen will, liegt die beste Gelegenheit für eine weitausgedehnte Handlung. Dieser Moment ist nicht rational auszumachen, sondern muß in sich erspürt werden.

Die Entscheidung

Ist der Moment erspürt, die Gegebenheit erkundet, dann ist eine Entscheidung von persönlichem Mut notwendig, dann darf nicht mehr auf andere gehört werden, denn Einflüsterungen von außen können die Kraft, die notwendig ist, abschwächen, ja lähmen.

Die Umsetzung

Sind bis hierher Entschlüsse gefaßt und verwirklicht worden, dann sollte doch der Moment der Betrachtung eine wichtige Rolle spielen. Das heißt, schöpferische Pausen sind genauso notwendig wie aktive kreative Phasen. Die Seele braucht ihre Zeit der Reife.

Das Ziel

Das Ziel lautet, aus einer inneren Einheit eine äußere Einheit zu gestalten und nicht umgekehrt. Die Seele führt, weil sich die ewige Kraft in einem Menschen darstellt. Man nennt dies auch Gewissen. Das Ziel sollte also mit gutem Gewissen erreicht werden, dann wird das Erreichte für immer seinen Wert behalten.

22 Die Anmut

Wie es in der Natur sehr dekorative Pflanzen und
Tiere gibt, so bemüht sich auch der Mensch, seine
Umgebung zu schmücken. Dabei wird nicht nur das
äußere, das Auge befriedigt, sondern auch ein inne-
res Bedürfnis. So träumt der Mensch von bösen und
guten Dingen auch mit häßlichen und schönen
Bildern. So ergibt sich immer ein Gleichgewicht.

Die Zahl »22« steht für das Symbol von Mond plus Mond. Eine
Meisterzahl. Folglich ist bei jeder Frage, die die Gegenwarts-
oder Zukunftsgestaltung betrifft, aus dem innersten Kern zu
schöpfen, ist die Traum- und Erfahrungswelt zu mobilisieren, da
über Zeiten und Räume hinweg vorwärts- und zurückgedacht
werden muß.

Grundeinstellung der Person
Die Beziehung zu den Träumen ist stark, die Hinwendung zu
karmischen Erfahrungen ist für den Lebensablauf wesentlich.
Die Gefahr der Realitätsferne könnte bei dieser zu starken
seelischen Ausrichtung auftreten, darum ist das Bewußte zu
schulen und anzuwenden.

Die Verdrängung
Auch Zeit- und Gegenwartsgeschehen kann verdrängt werden, so daß Menschen nur in der Vergangenheit und der Zukunft leben. Das mindert ihren Tageseinsatz und beinhaltet die Gefahr, außerhalb der Gemeinschaft zu leben, ja als Sonderlinge zu gelten.

Der Antrieb
In Anmut zu leben, das Schöne zu fühlen, die Kunst zu genießen, all dies sind – wenn diese Wünsche die Oberhand gewinnen – Gefahren für die Aktivität, die letztlich in Wachträumen enden können. So muß der Antrieb förmlich erzwungen werden.

Die Entfaltung
In Anmut wird die Entfaltung angegangen. Anmut ergreift die Herzen, weil sie Seelenkraft ausstrahlt. Sie sät unmerklich Schönheit und Verstehen, so daß das Geschehen wie von selbst abläuft, da jeder sich angesprochen und kaum einer sich angegriffen fühlt.

Die Gegebenheit
Oft scheint es im Leben keine Möglichkeit zu geben, aus sich herauszutreten, erwachsen zu werden. Dann wartet man ab, weil der Kern des Menschen in sich ruht und diese Kraft oft sich selbst genügt.

Die Entscheidung
Letztlich muß jedoch jeder seine Entschlüsse fassen, auch wenn sich die Gegebenheiten nicht klar zu zeigen scheinen. Dann muß die Entscheidung auch gegen die innere Neigung mutig gefaßt werden, denn auch die anmutigste Ausstrahlung hat sich zu wandeln.

Die Umsetzung
Über das stille Wirken, die selbstverständliche Ausstrahlung, kann das Werk angegangen und vollendet werden. Die innere Klarheit und das stete Verständnis für andere bewirken, daß alle daran interessiert sind, sein müssen, an der Vollendung mitzuhelfen.

Das Ziel
Oft werden Ziele wirklich zu hoch gesteckt, und die Gefahr besteht, daß man so die Hinweise der Schöpferkraft nicht mehr versteht, weil die eigene Kreativität unermeßlich scheint. So sind immer wieder Phasen der inneren Einkehr notwendig. Gebete können sehr nützlich sein.

23 Die Gefahr

Der Herrschende sollte so klug sein, seine Unterge-
benen zu stärken, damit sie ihm ebenbürtig werden.
So sichert er seine Position nachhaltiger als diejeni-
gen (und dies sind die meisten), die meinen, Unter-
gebene seien klein zu halten, damit sie nie am Thron
der Herrschaft klopfen können. Dieser Irrtum führt
jedoch am schnellsten zu gewalttätigen Umwälzun-
gen und Revolutionen.

Die Zahl »23« steht für das Symbol von Mond und Mars, wobei
der Mond die Führung übernimmt. Folglich ist bei jeder Frage,
die die Gegenwarts- oder Zukunftsgestaltung betrifft, zu berücksichtigen, daß die Seele ruhig und nicht gereizt, sanft und
nicht aufgewühlt auf die Forderungen des Tages reagiert.

Grundeinstellung der Person
Wenn die Seele kocht, wenn der Ehrgeiz sich in sie hineingefres-
sen hat, wenn es in einem handelnden Menschen brodelt, dann
besteht die Gefahr, daß der Mensch ins Feuer der Leidenschaften
gerät. In solchen Zeiten ist die Kampfeslust zu zähmen.

Die Verdrängung
Innere Aufgewühltheit, wie sie sich etwa im Jähzorn zeigen
kann, ist eine Entblößung, die hinterher gerne verdrängt wird, da
niemand sein Gesicht verlieren mag. Doch auch das muß – weil
es zum Ich gehört – getragen werden.

Der Antrieb

Wie ein Blitz aus heiterem Himmel schlagen die Taten und Worte derjenigen ein, deren Seelen von Zorn erfüllt sind. Diese Antriebe sind sicher nicht sehr förderlich, so daß sie zurückzuhalten sind, um im Moment der Harmonie neu eingesetzt zu werden.

Die Entfaltung

Da meist aller Anfang leicht ist, wenn Mut und Einsatzfreude ihn begleiten, kommt es auf die Zähigkeit des weiteren Handelns an, wenn eine Ausdehnung der Tat erreicht werden, wenn es nicht nur beim Start bleiben soll, denn beginnen kann jeder.

Die Gegebenheit

Sieht jemand »rot«, dann ist die Lage meist nicht neutral und distanziert abzuschätzen. So muß gewartet werden, bis das aufgebrachte Blut sich beruhigt und andere Farben eine Weltbetrachtung zulassen, die allen und jedem gerecht werden kann.

Die Entscheidung

Überschlafen ist sicher richtig, wenn es um wichtige Entschlüsse geht. Aber da dies nicht immer möglich ist, sollten wenigstens Momente der bewußten Klausur abgewartet werden. Bewußt heißt: sich selbst zurückziehen – etwa im autogenen Training.

Die Umsetzung

Hier ist die seelische Grundhaltung gefragt, denn nur aus der Ruhe und dem Wissen um den inneren Zustand ist alles Bedachte und Gewollte praktisch zu verwerten, denn schnelle Erfolge erfreuen nur kurz. Erst Siege, die Siege bleiben, befriedigen.

Das Ziel

Jedes Brodeln erlöscht, und sei es durch den Tod. Doch keine Seele hält langes Brodeln aus, so verläßt sie oft zu früh den Leib. Daher sei es das Ziel, das Brodeln bewußt zu steuern und abzubauen, damit die Seele zu einer harmonischen Kraft werden kann, die nach außen und innen wirkt, und so zu neuen Höhen gelangt.

24 Die Brücke

Wandlung ist das Gesetz, das der Himmel lehrt. Es bedeutet, immer bereit zu sein, eine Brücke zu überschreiten, Ufer zu überwinden und neue Horizonte zu sehen. Wer das nicht mehr tut, dem ist der Verfall gewiß, und er kann dann nur auf eine Neuorientierung hoffen.

Die Zahl »24« steht für das Symbol von Mond und Jupiter, wobei der Mond die Führung übernimmt. Folglich ist bei jeder Frage, die die Gegenwarts- oder Zukunftsgestaltung betrifft, zu berücksichtigen, daß die wahre Entfaltung allein aus der Tiefe kommt, weil nur da der Platz für die Wurzeln der Seele ist.

Grundeinstellung der Person

Wenn jemandem Gerechtigkeit als Sinnsuche des Lebens mit in die Wiege gegeben wurde, dann ist sein Leben in seinen Bahnen vorgezeichnet, wobei die Prüfungen programmiert sind, da sich diese Menschen zuerst mit freien Herzen selbst als gerecht einstufen müssen.

Die Verdrängung

Wer richtet, kommt in die Gefahr, selbstgerecht zu urteilen. Selbstgerechtigkeit jedoch heißt Urteile mit begrenztem Blickfeld fällen. Dies gibt niemand gerne zu, also verdrängt er diese Gefahren, die in ihm selbst liegen; doch begraben sind sie dadurch nicht.

Der Antrieb

Aus einer großzügigen Planung heraus, in Harmonie mit dem unbewußten Kern, sollte jeder Trieb kommen, der über den Tag hinausführt. Aus einer Ruhe, aber auch aus dem Bewußtsein, daß ein Sinn in allen Handlungen liegen muß, sollen die Tore geöffnet werden.

Die Entfaltung

Der Gerechtigkeitssinn eines Menschen wird oft bereits bei Kleinigkeiten auf die Probe gestellt. Dies ist ein Training, bei dem man lernt, mit sich und seinen eigenen Reaktionen umzugehen. Erst nach einer genauen Prüfung soll man reagieren.

Die Gegebenheit

Nicht jede Gelegenheit ist nützlich. Man muß prüfen, was mir günstig erscheint, aber in Wahrheit eine Verführung darstellt. Schon manche scheinbar ungünstigen Gegebenheiten waren die Grundlage für eine günstige Entfaltung von Seele und Geist.

Die Entscheidung

Oft ist es gut, keine Entscheidungen zu fällen, sondern auf die Anforderungen des Lebens zu warten. Besonders dann, wenn Angriffe aus dem Dunkeln zu erwarten sind. Gegen einen Hinterhalt gibt es nur den Schutz der Gelassenheit. Voreilige Entschlüsse sind nicht hilfreich.

Die Umsetzung

Geduld und Langmut sind zwei völlig verschiedene Dinge, die meist nichts miteinander zu tun haben. So ist Geduld meist empfehlenswert, während sich hinter Langmut oft die Feigheit verbirgt, das Heft des Handelns zu ergreifen.

Das Ziel

Viele Ziele verderben die Klarheit des Ganzen. So ist erst einmal das zentrale Ziel fest auszumachen und nicht mehr aus dem Auge zu verlieren. Die schönsten Ziele sollte man nicht für sich allein anvisieren, auch weil sie oft nur zu zweit erreichbar sind.

无妄

25 Die Klarheit

Schon die alten Priester in allen Religionen der Erde wußten, daß Erfolg sich für jeden Menschen nur dann einstellen kann, wenn der Handelnde die Gunst des Himmels erhält. Nur die Hilfe des Schöpfers kann uns Taten vollenden lassen, die wir glauben allein beginnen zu können und zu beginnen versuchen sollten. Dann erst greift uns die Schöpferkraft unter die Arme.

Die Zahl »25« steht für das Symbol von Mond und Saturn, wobei der Mond die Führung übernimmt. Folglich ist bei der Frage, die die Gegenwarts- und Zukunftsgestaltung betrifft, nach der Verwurzelung der Seele zu fragen. Diese Verwurzelung in ihrer traditionellen Konzentration wirkt wie ein Lebenselixier.

Grundeinstellung der Person
Fest auf das Alte bauend, im guten konservativen Sinn lebend, in der Gewißheit, daß das Neue viel schneller verfliegt als das In-sich-Gewachsene, vertrauen diese Menschen ihrem Schicksalsrad, wohl wissend, daß jeder, der es verdient, nach oben kommt.

Die Verdrängung
Wer Eltern oder Lehrer, die streng waren, aus seinem Leben verdrängt, wird meist erst dann, wenn es zu spät ist, erkennen, daß er sich damit selbst sein Grab geschaufelt hat. Die für uns die Verantwortung mitgetragen haben, sind nicht auslöschbar.

Der Antrieb
Selten kommt der Impuls, der die Menschen aus ihrer Verwurzelung treibt, aber er kommt. Und diese Male sind dann vulkanische Eruptionen, denn sie verändern oft mehr als ein Dutzend
und mehr Impulse von anderen Menschen um uns herum.

Die Entfaltung
Die Richtung der Entfaltung greift zuweilen auf die Vergangenheit zurück. Die Sinnsuche in der Vergangenheit vermag oft
mehr Zukunftshorizonte sichtbar zu machen als ein stets nach
vorn fixierter Blick. In der Vergangenheit liegen die Fundamente
für die Entfaltungsrichtung.

Die Gegebenheit
Wer den Zustand der Wurzeln der Pflanzen in seinem Garten
kennt, der weiß, was im Garten blühen wird und was im Herbst
zu ernten ist. Und wer sich kennt, seine eigenen Verwurzelun-
gen, der weiß um seine Möglichkeiten und erwartet keine
Wunder mehr.

Die Entscheidung
Viele wichtige Entschlüsse setzen eine starke Selbstüberwindung
voraus. Jeder Anfang wird wie eine kaum zu tragende Last
empfunden, also schiebt man das Tragen dieser Last möglichst
weit hinaus, obwohl es klar ist, daß irgendwann begonnen
werden muß.

Die Umsetzung
Die Praxis der Tat, das reale Erfassen dessen, was geschehen
muß, das ist nun leicht – im Gegensatz zum Beginn. Laufen die
Beine, läuft fast alles wie am Schnürchen, denn ist die Bewegung
in Gang gesetzt, und läuft der Motor, dann werden die großen
Strecken zum Ziel zurückgelegt.

Das Ziel

Zurück zu sich, heißt das Ziel. Dies ist leichter anvisiert als getan. Nach vorn ist jedes Hindernis auszumachen, aber nicht, wenn es zurückgeht, dahin, wo die Dunkelheit erst ganz langsam von innen heraus erhellt werden muß. Auch das Licht des Tages ist leichter zu benutzen als die vielen glitzernden Lichter der Nacht.

大畜

26 Die Anspannung

Erleuchtete Gedanken müssen oft lange bewahrt bleiben, denn die Zeit der Einfälle ist häufig nicht identisch mit der Zeit der Reife, in der man seine Gedanken äußern kann. Der Verstand spricht schnell, die Seele langsamer. Also wird ein gutes Gedächtnis benötigt, um die Gedanken zu bewahren, bis sich der Charakter so weit entwickelt hat, daß er reif ist.

Die Zahl »26« steht für das Symbol von Mond und Merkur, wobei der Mond die Führung übernimmt. Folglich ist bei der Frage, die die Gegenwarts- und Zukunftsgestaltung betrifft, gespannt zu warten, bis das Bewußtsein und das Unbewußte die gleiche Basis gefunden haben; erst dann sollte gehandelt werden.

Grundeinstellung der Person
Der denkende Mensch meint oft, daß das Denken stets in die Tiefe führt, aber er beachtet nicht, daß er dort in der Tiefe auch seiner Seele begegnet, die er schon lange gesucht hat.

Die Verdrängung
Auch die Seele kann sich verdrängen lassen. Sie kann so mit Geröll zugedeckt werden, daß sie zu ersticken droht. Denn die Seele wird – wenn – nur vom Verstand verschüttet, gegen den sie sich am wenigsten zu wehren vermag. Doch eine verdrängte Seele tut weh.

Der Antrieb

So schnell, wie der Verstand Möglichkeiten erkundet, so zögernd zeigt sich oft das Unbewußte, dem vieles zu schnell geht. Daher ist der intellektuelle Antrieb oft unausgegoren.

Die Entfaltung

Am besten sind die Chancen für eine Suche nach Sinn und die Ausdehnung der eigenen Grenzen (für jedes Gebiet), wenn der Verstand das Unbewußte befragt und mit der Antwort zufrieden ist, auch wenn diese eher zum »Nein« tendieren sollte; dann muß noch abgewartet werden.

Die Gegebenheit

Mit klaren Analysen, die den Charakter einer Marktforschung haben können, sind die sich bietenden Möglichkeiten auszuforschen. Hierbei kann es zu sehr unterschiedlichen Ergebnissen kommen, die klug miteinander verwoben werden müssen.

Die Entscheidung

Aufgrund von genauen Plänen und Argumenten ist die Entscheidung zu fällen. Manches wird schwieriger, wenn zu viele Freunde oder Berater um Entscheidungshilfe gebeten werden. Die Verantwortung trägt immer der einzelne, nie ein Gremium.

Die Umsetzung

Wer gut improvisieren kann, ist oft vorn, denn sogenannte tote Phasen gibt es dann nicht. Aber wer zuviel experimentiert, der kommt nicht weiter. Daher ist es sinnvoll, auf bewährte Erkenntnisse zurückzugreifen, statt von einer Überlegung zur anderen zu stolpern.

Das Ziel

Der Verstand ist immer schnell zur Stelle, wenn wir ihn genügend geschult und trainiert haben. So sind auch das Ziel und die damit verbundenen Folgen sofort – fast karteiartig – zu erfassen, damit keine Positionen, keine Gewinne verlorengehen. Am besten wäre es, das Erreichte sofort vertragsmäßig abzusichern.

27 Die Annahme

*Gaben, die der Mensch bekommt, sind nicht ohne
weiteres anzunehmen, denn nicht alles ist uns zu-
träglich. Die Natur bietet auch Stoffe an, die zwar in
anderen Zusammenhängen notwendig, für uns aber
giftig sind – auf daß der Mensch unterscheiden lerne,
was ihm bekommt und was nicht. So soll er auch
darüber nachdenken, welche Nahrung sich am besten für ihn eignet.*

Die Zahl »27« steht für das Symbol von Mond und Uranus,
wobei der Mond die Führung übernimmt. Folglich ist bei jeder
Frage, die die Gegenwarts- und Zukunftsgestaltung betrifft, das
Außergewöhnliche in Betracht zu ziehen, denn es muß darauf
geachtet werden, daß nicht alles und jedes nach einer immer
gleichen Norm abläuft.

Grundeinstellung der Person
Herausstechend ist der Wunsch, nicht in der Masse unterzugehen, sondern durch Wort und Tat sich von der Umgebung
abzuheben. Der Unterscheidungswunsch ist bis in die Seele
hinein ausgeprägt. Jedoch besteht die Gefahr, daß zu starker
Individualismus zur Vereinsamung führt.

Die Verdrängung

Allein lebende Menschen oder Menschen, die sich außerhalb der Gemeinschaft stellen, unterliegen der Gefahr, sich für etwas ganz Besonderes zu halten, so daß sie später von ihrer Umgebung abgelehnt werden; doch die Ursache dafür wurde verdrängt.

Der Antrieb

Urplötzlich steigt aus der Tiefe der Wunsch hervor, sich abzusondern, sich zu verändern. Meist in einem Moment, wenn wichtige Aufgaben für andere erfüllt werden müssen. So entsteht zunächst einfach ein Fluchtgedanke, und dieser Antrieb führt dann oft ohne Sinn von den eigentlichen Aufgaben weg.

Die Entfaltung

Meist ist eine echte Entfaltung gar nicht geplant, sie ergibt sich durch den urplötzlichen Antrieb, so daß der Weg erst nach dem Beginn überlegt werden muß. Dies führt zwangsläufig zu Umwegen und Wirrnissen, die zu überwinden sind.

Die Gegebenheit

Gerade wenn Nebel vorherrscht, so daß der Horizont außer Sicht geraten ist, glauben viele Menschen, daß sich gute Gelegenheiten bieten, obwohl die Gegebenheit gar nicht abgeschätzt werden kann; doch der Start ins Nebelhafte löst prickelnde Lust aus.

Die Entscheidung

Ob die Entscheidung gewollt war oder nicht, läßt sich häufig hinterher nicht mehr klar ausmachen. Die Situation war da, also mußte auch eine Entscheidung fallen. Doch die Intuition weist den Weg oft klarer als eine durchgehende Analyse der Lage.

Die Umsetzung

Hier wird von Situation zu Situation richtiger gehandelt. Nicht zu weit vorausdenken, immer mit dem Ohr am Puls der Zeit sein, bereit, auf das Geschehen zu reagieren. Man könnte sogar einen neuen Weg beschreiten, um dann doch auf den alten zurückzukehren.

Das Ziel

Das Ziel sollte stets die neue Lage sein, die aber auch in der Seele oder im Unterbewußtsein ihre Verwurzelung findet. Denn selbst die Seele will sich wandeln, wenn auch in einem anderen Rhythmus als das Bewußtsein, das sich unruhig und aufgewühlt den Verpflichtungen entziehen will.

大過

28 Die Betreuung

Werden die Zeiten unruhig oder kündigt sich eine allgemeine Umstellung an, dann sind die meisten von uns unfähig, diese Wandlungen gut zu überstehen. Es liegt dann an denjenigen, die mehr Kraft und Wissen haben, ihre Mitmenschen zu betreuen, um ihnen die Möglichkeiten zu geben, das Neue froh mitzuerleben.

Die Zahl »28« steht für das Symbol von Mond und Venus, wobei der Mond die Führung übernimmt. Folglich ist bei der Frage, die die Gegenwarts- und Zukunftsgestaltung betrifft, die in jedem lebende Liebeskraft zu aktivieren, und die Bereitschaft, *allen* zu helfen, besonders deutlich hervorzuheben.

Grundeinstellung der Person
Wer liebt, ist beschenkt, wie schlecht es ihm auch sonst gehen mag. Menschen, die keine Liebeskraft an andere abgeben können, sind die wahren Armen dieser Zeit. Und die Kraft des Liebegebens hilft über alle Widerstände und über alle bösen Erfahrungen hinweg.

Die Verdrängung
Die Seele sortiert, trennt das Wichtige vom Unwichtigen, die Irrtümer von den gemachten Fehlern. Aber versagte Liebe sortiert die Seele nie aus, so gern man dies verdrängt. Daran knabbern Generationen, um diese Unterlassungen gutzumachen.

Der Antrieb
Der Ansatz zu Handlungen soll aus reinem Herzen kommen. Ein reines Herz ist zwar kaum zu finden, betrachtet man ein ganzes Leben, aber im Moment des Antriebes kommt es auf das reine Herz an, denn wenn der Beginn schon befleckt ist, ist alles voller Schmutz.

Die Entfaltung
Alles, was sich ausbreiten soll, muß von Liebe getragen werden. Liebe heißt aber auch, Opfer auf sich zu nehmen, ja Leiden einzubeziehen, denn auch das Lieben will gelernt sein. Die Kraft dafür muß man erwerben und ausbauen.

Die Gegebenheit
Die Gegebenheit sollte immer und stets vorhanden sein. Auf einen eigenen Impuls von Liebe zu warten, ist mehr als töricht. Der Moment ist jetzt und ständig. Andere Momente oder günstigere Gelegenheiten zeigen sich nicht mehr.

Die Entscheidung
Entscheidungen von der Art »entweder – oder« gibt es nicht. Es gibt nur ein klares Ja, und dieses muß ohne *Wenn und Aber* getroffen werden. So fällt hier die Entscheidung fort.

Die Umsetzung
Die praktische Umsetzung sieht anders aus als die theoretischen Gedanken dazu. Sie ist schwerer als angenommen, sie verlangt Einsatzbereitschaft und tiefes seelisches Verstehen, ja sie könnte auch das Opfer des äußeren Abschiedes beinhalten.

Das Ziel
Es ist die Seelenruhe, die jeder am Ende seines Lebens anstreben sollte, um beruhigt die große Fahrt anzutreten. Mit der Gewißheit, eine oder zwei gute Taten selbstlos vollbracht zu haben, ist die letzte Fahrt sicher leichter anzutreten, so schwer dies auch fallen mag, gerade wenn diejenigen, die man liebt, noch zurückbleiben.

29 Die Verwirrung

In Zeiten des Umbruchs ist es wichtig, Klarheit des Denkens, Wahrheit der Seele und einen gesunden Instinkt zu bewahren. Alles zusammengefaßt ergäbe die Reinheit des Herzens, die jedoch nur äußerst schwer und unter vielen Anstrengungen zu erreichen ist, wobei die größte Anstrengung die der Selbstüberwindung ist.

Die Zahl »29« steht für das Symbol von Mond und Neptun, wobei der Mond die Führung übernimmt. Folglich ist bei der Frage, die die Gegenwarts- und Zukunftsgestaltung betrifft, erst einmal danach zu forschen, ob die Seele nicht durch Täuschungen verblendet und durch Einbildungen unsicher geworden ist.

Grundeinstellung der Person
Manche Handelnden verlassen sich zu sehr auf ihren »guten« Instinkt, den sie für ihre Seele halten. Dann überwiegen die animalischen Reaktionen, die mehr auf die Gegenwart als auf das Zukünftige gerichtet sind, denn es überlebt die Seele, nicht das Animalische.

Die Verdrängung
Animalische Reaktionen können in ein tierisches Verhalten ausarten, was oft nicht wahrgenommen wird. Obwohl auch Tierisches in uns lebt, wird es meist verdrängt. Damit wird der Entwicklung jedoch kein guter Dienst erwiesen.

Der Antrieb

In einer sensiblen Grundeinstellung etwas zu beginnen, einen Anlauf zu nehmen, führt in eine große Unruhe des Herzens. Daher müssen erst Ruhe und Besonnenheit errungen werden, damit der Antrieb zum richtigen Zeitpunkt eingesetzt und genutzt werden kann.

Die Entfaltung

Das Streben nach Entwicklung bestimmt die entfaltende Kraft in uns. Die Folgen jeder Entwicklung werden jedoch kaum geahnt und schon gar nicht gewußt. Sicher kann der Instinkt hier ein guter Wegweiser sein, aber nur in Verbindung mit der Seele.

Die Gegebenheit

Die gute Ausgangslage ist erst langsam herauszufiltern, denn viele innere Verwirrungen steigern das allgemeine Durcheinander, so daß der Knoten scheinbar unlösbar wird. Hier können nur Ruhe und Besonnenheit, Hilfe bringen.

Die Entscheidung

Auf den Verstand, den Intellekt, sollte man sich in dieser Situation nicht verlassen. Eher auf den Instinkt des Überlebens, der aus der Ruhe der Nacht, also nach einem erquickenden Schlaf kommt. Dieser Traumstimme ist blind zu folgen.

Die Umsetzung

Aus der Entscheidung ergibt sich die Umsetzung fast von allein, jedoch mit der Gefahr, daß sich die Handelnden auch dabei zu sehr von innen her treiben lassen. Wenn ein Schlafbedürfnis aufkommt, soll man ihm nachgeben, denn nur klare Wachheit hilft.

Das Ziel

Animalischen Instinkt, der frei von Täuschungen und Nervenkitzel ist, mit der Kraft der Seele zu verbinden, sollte das Ziel sein, das anzustreben ist. Dann ist eine Hellsichtigkeit aus der Tiefe möglich, die des logischen Verstandes kaum mehr bedarf.

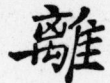

30 Die Glut

Wilde Kraft ist voller Ungestüm, oft notwendig, doch noch öfter zerstörerisch. Wenn ein Fluß über Schluchten abstürzt, dann deutet dies für diejenigen auf Gefahren hin, die diesen Fluß nicht richtig nutzen. Denn Kraft – gerade wenn sie mehrmals potenziert ist – muß stets gezähmt und klug überlegt eingesetzt werden.

Die Zahl »30« steht für das Symbol von Mars und Pluto, wobei Mars die Führung übernimmt. Folglich muß bei jeder Frage, die die Gegenwarts- und Zukunftsgestaltung betrifft, bedacht werden, daß alle Handlungen mit ungeheurer Kraft durchgeführt werden und daß die Glut in den handelnden Menschen vulkanische Stärke erreicht.

Grundeinstellung der Person
Und bist du nicht willig – so brauche ich Gewalt! Diese Drohung schwebt wie ein Damoklesschwert über Menschen, die sich so leicht nicht beugen oder gar unterwerfen wollen. Jedoch bemerken die Handelnden es selten, weil sie sich stets im Recht fühlen.

Die Verdrängung
Siegen durch Einsatz von Gewalt ist zwar immer noch am leichtesten, aber jede Gewalt nach außen wirkt auch nach innen, so folgt der Erkenntnis die Verdrängung. Doch diese bricht mit Eindringlichkeit hervor, denn das, was man sät, erntet man.

Der Antrieb

Zorn ist der unheimlichste, aber auch unheilvollste Antrieb, der die Menschen wie besessen handeln läßt. Doch Zorn macht höchst einseitig, wenn nicht gar blind. Und er wirkt zurück, wie jedes überstrapazierte Pendel zurückschlagen muß.

Die Entfaltung

Die Entfaltung sollte ruhig angegangen werden. Sollte – doch dies scheint kaum möglich, weil der Durchsetzungsdrang zu stark in den Handelnden lebt, die ihrer eigenen Glut nicht mehr ausweichen können. Es besteht die Gefahr der Selbstverbrennung.

Die Gegebenheit

Am besten wäre es, wenn sich keine Gegebenheit böte. Aber so ein paradiesischer Wunsch wird sich nicht einstellen. Also sollte die Gegebenheit am besten nicht wahrgenommen werden, oder wenn, mit aller Behutsamkeit, was jedoch schwierig ist.

Die Entscheidung

Zorn und Machtwahn treiben Menschen dazu, eine Entscheidung nach der anderen zu treffen, um möglichst schnell den eigenen Willen durchzusetzen, meist ohne Rücksicht auf Verluste. Deswegen sollte gerade darauf sorgsam geachtet werden.

Die Umsetzung

Hier hilft kaum eine Warnung. Höchstens diese, daß der Weg des scheinbaren Sieges zur Selbstschädigung größten Ausmaßes führen kann. Wer also auf Siege zu verzichten lernt, der vermag sich letztlich auch aus diesem Strudel zu retten.

Das Ziel

Das Ziel ist im Grunde nicht erreichbar, weil es kein Ziel gibt, das ein Ende darstellt. So besteht die Gefahr, dem Ziel unaufhaltsam entgegengeschleudert zu werden, erfaßt von einer rauschenden Flut. Je kleiner und näher das Ziel gewählt wurde, um so wahrscheinlicher die Hoffnung, einen Haltepunkt zu setzen.

31 Der Magnet

Wer Anziehung ausstrahlen möchte, wer als positiver Magnet in seiner Umwelt wirken will, der muß zunächst von Vorurteilen und von einem zu egozentrischen Willen frei sein. Dann erst wirkt sein Wesen, und seine Anregungen fallen auf fruchtbaren Boden, wie auch er selbst auf Anregungen positiv eingehen kann.

Die Zahl »31« steht für das Symbol von Mars und Sonne, wobei Mars die Führung übernimmt. Folglich ist bei jeder Frage, die die Gegenwarts- und Zukunftsgestaltung betrifft, der ungezähmte Ehrgeiz bewußt zu bändigen, damit die Kraft, die so freigesetzt werden kann, auch allen zu dienen vermag.

Grundeinstellung der Person
Ehrgeiz und der Wille, der Erste zu sein, äußern sich zunächst nur in einer sportlichen Variante. Aber mit der Zeit wächst der Erfolgsdrang, und er kennt oft keine Grenzen mehr. Der Wunsch nach Bewunderung und das Streben, im Mittelpunkt zu stehen, sollten nicht übertrieben werden.

Die Verdrängung
Jeder Sieger verdrängt, daß auch er eines Tages zum Verlierer werden kann. Wem das nicht früh genug einleuchtet, wird noch schneller in die anonyme Versenkung hinunterfallen, aus der er gekommen ist. Das Schicksalsrad dreht sich erbarmungslos.

Der Antrieb

Der Siegeswille ist manchen schon in die Wiege gelegt, ihnen fehlt es nie an Antriebselan. Doch meistens ist der Antrieb derart ungezügelt, daß viel Zeit der Reife vergehen muß, ehe er so konzentriert und gezielt ist, daß durchgestartet werden kann.

Die Entfaltung

Auch was die Entfaltung betrifft, ist Ungeduld der schlechteste Ratgeber, den man sich denken kann. Eine zu schnelle Ausdehnung der Grenzen kann nur mit einem unsoliden Wachstum einhergehen. So muß das Wuchern beschnitten werden.

Die Gegebenheit

Wer nur nach vorn schaut und nicht zurücksehen möchte, der ist kaum in der Lage, die Gegebenheiten richtig einzuschätzen. Vorsicht wie Rücksicht können manchmal Fremdworte sein, aber diese Begriffe müssen von ihrem Sinn her gelernt werden, ehe der Einsatz erfolgt.

Die Entscheidung

Hier wird Mut benötigt, aber Mut ist vorhanden. So stellt die Entscheidung selbst kaum ein Problem dar. Wichtiger ist, ob vor der Entscheidung alles so geordnet ist, daß im Notfall auch Retter bereitstehen, denn man tanzt nicht ohne Netz über ein Hochseil.

Die Umsetzung

Widerstände machen hart, und Härte wird gebraucht. Der ins Visier gefaßte Plan wird Gegenreaktionen hervorrufen. Darauf muß man sich einstellen. Aber nicht nur mit Härte, sondern auch mit Diplomatie und Takt, denn gerade beim Sieg sind die Schwächeren zu achten.

Das Ziel

Meist dürfte das Ziel zu hochgesteckt sein, was Gefahr in sich birgt, denn je höher der Aufstieg, um so tiefer der Fall. Aber es gibt Menschen, die müssen wagen, und das sollen sie auch! Jedoch nicht nur für sich, dann wäre der Wagemut Leichtsinn, sondern auch für andere, dann ist der Wagemut vielleicht ein Opfer.

32 Die Ausdauer

Das Geheimnis der Natur – also der Mutter aller Kräfte auf Erden – ist die Ausdauer, die Beständigkeit. Der Mensch sollte sich daran ein Beispiel nehmen, denn nichts anderes führt sicherer zum Ziel als Beharrlichkeit. Das Leben ist kein Kurz-, sondern ein Langstreckenlauf, der gut eingeteilt werden will. Und die Kraft der Ausdauer liegt in erster Linie in der Seele.

Die Zahl »32« steht für das Symbol von Mars und Mond, wobei Mars die Führung übernimmt. Folglich ist bei jeder Frage, die die Gegenwarts- wie die Zukunftsgestaltung betrifft, auf die beharrende Seelenkraft zu bauen, so rasant der Ehrgeiz sich auch zeigen mag. Geduld ist immer noch die stärkste Zielkraft.

Grundeinstellung der Person
Ehrgeiz, der aus der Seele kommt, ist sicher völlig anders gelagert als Ehrgeiz, der im Bewußtsein lebt. Eine »ehrgeizige Seele« denkt weiter als ein »ehrgeiziger Verstand«. So unterscheiden sich auch die Menschen, die sich ihres Ziels sicher sind.

Die Verdrängung
Ungeduld kann den geduldigsten Menschen befallen. Doch die Ergebnisse dieser Ungeduldsmomente sind meist unbefriedigend. Wird etwas verdrängt, werden die Ursachen der Rastlosigkeit geleugnet. Doch damit wird jede Geduld erschüttert.

Der Antrieb

Der Antrieb muß aus dem Kern kommen und sollte engagiert sein. Daher ist vorher zu klären, ob sich der Einsatz lohnt. Große Kräfte können so gespart werden, damit nichts mehr ohne Sinn und folglich umsonst geschieht. Darauf kommt es an.

Die Entfaltung

Wenn die Seele nicht mit entfaltet wird, dann nützt kein noch so großer Einsatz. Die Entfaltung ist mit Mut vorzunehmen. Kritik ist anzuhören, man kann daraus lernen, aber dadurch darf die Aufgabe nicht vernachlässigt werden. Die jetzigen Einwände kommen zu spät.

Die Gegebenheit

Wenn die Seele vor dem Einsatz befragt wird, ob jetzt der Zeitpunkt gekommen ist, und die Seele bejaht; wenn der Mensch also in sich Sicherheit spürt, dann ist die Gegebenheit wirklich gut. Kommen Hetze oder Trubel auf, ist die Lage schlecht.

Die Entscheidung

Der Verstand, die Logik muß nach innen hören, um einen Entschluß sicher zu fassen, der auch von der Umgebung – wenn nicht immer gebilligt – so doch verstanden wird. Dabei ist der Dienst an einer guten Sache wichtig, weil er die Ausdauer stärkt.

Die Umsetzung

Mit Einsatz und Beharrlichkeit sind die Hindernisse aus dem Weg zu räumen, ohne daß dabei viel Schaden angerichtet werden sollte. Mit Gewalt wird man niemanden vom richtigen Weg überzeugen. Wichtig ist eine geduldige Einstellung.

Das Ziel

Am Ziel werden viele Bewunderer warten und Beifall spenden, weil kaum jemand dem Handelnden soviel innere Kraft und Ausdauer zugetraut hat. Das Vertrauen, das so gewonnen wird, sollte Ansporn für neue Ziele sein, die alle in die Richtung gehen, sich und seine gesamte Lebenseinstellung zu wandeln.

33 Der Rückzug

Werden – oder sind – die Zeiten unruhig, dann ziehen sich die Weisen zurück, damit die Unruhe nicht auf sie übergreife. Wer in sich Unruhe aufkommen spürt, sollte sich folglich auch in sich zurückziehen, selbst wenn er bemerkt, daß seine Kräfte wachsen, und er eigentlich aus sich herausgehen will.

Die Zahl »33« steht für das Symbol von Mars und Mars. Eine Meisterzahl. Folglich ist bei jeder Frage, die die Gegenwarts- oder die Zukunftsgestaltung betrifft, das Kämpferische, die ungezähmte Willenskraft zu berücksichtigen, die in den Menschen lebt und, losgelassen, Explosionen auszulösen vermag.

Grundeinstellung der Person
Wenn in Menschen die Kräfte so aufgeheizt sind, daß der Kessel der Beherrschung zu explodieren droht, dann seien diese Menschen eindringlich vor sich selbst gewarnt. Sie sollten freiwillig den Rückzug antreten, bis die Temperatur gesunken ist.

Die Verdrängung
Unbeherrschtheit und Jähzorn, verbunden mit der Gefahr, Amok zu laufen, vernichten oft anderes Leben – egal auf welcher Ebene. Bewußt will dies keiner, der dafür verantwortlich ist, wahrnehmen. Diese Kraft wird nur besänftigt, wenn man auch hinterher noch zu seinen Taten steht.

Der Antrieb
Der Antrieb scheint unkontrollierbar. Nach einer Hemmung bricht es wie lange aufgestaut mit ungestümer Kraft heraus, und wie Springfluten das Land unter sich begraben und vernichten, so eruptiv wirkt der unkontrollierte Antrieb ohne Mäßigung.

Die Entfaltung
Unbändige Kraft entfaltet sich nach dem Gesetz der Gesetzlosigkeit. Fruchtbare Flächen werden vernichtet, wenn nicht Sicherheitsventile in dem, der sich entfaltet, es verhindern. Diese unheimliche Kraft sollte nur in den größten Notsituationen herausgelassen werden.

Die Gegebenheit
Eine Entfaltung scheint nur gegeben, wenn es um das Überleben schlechthin geht, wenn die Familie, die Heimat verloren scheinen. Dafür allein schuf der Schöpfer diese dämonisch wirkende Kraft im Menschen, aber mit der Mahnung, diese Kraft nicht zu mißbrauchen.

Die Entscheidung
Allein in Notfällen ist die Entscheidung für den Einsatz zu treffen. Aber nie aus unbändiger Wut oder Eifersucht, nie um eigener Vorteile willen. Und ratsam wäre es, wenn die Entscheidung noch durch Beratungen und Beistand für andere Menschen abgesichert werden könnte.

Die Umsetzung
Die Frist, die man sich zur Umsetzung setzt, sollte so kurz wie möglich angesetzt werden, denn dämonische Kräfte im freien Wirken potenzieren sich mit der Zeit, machen sich selbständig und sind – je länger sie wirken – nicht mehr zähmbar.

Das Ziel

Der Einsatz dieser Kräfte, die im Menschen explodieren und die Welt verändern können, darf nur auf ganz nahe und begrenzte Ziele gerichtet werden. Wer damit die Welt erobern möchte, dem sei gewünscht, daß er vorher durch seine eigenen Kräfte gehindert wird, denn sein seelisches Karma könnte diese Last nie tragen.

大壯

34 Die Macht

Stärke, die sich auch sanft äußern kann, ist der Vorzug der wahrhaft Mächtigen. Kraft mit Sinnsuche verbunden, so daß weder Kraft gespart noch verschleudert wird, scheint das höchste Gut all derer zu sein, die berufen sind, Autorität auszuüben und Macht zu verwalten. Verwalten, nicht besitzen – das ist das Entscheidende.

Die Zahl »34« steht für das Symbol von Mars und Jupiter, wobei Mars die Führung übernimmt. Folglich ist bei jeder Frage, die die Gegenwarts- und Zukunftsgestaltung betrifft, zu untersuchen, ob die Kraft für die Lösung einer Aufgabe sinnvoll, überlegt und gerecht eingesetzt werden kann.

Grundeinstellung der Person
Sich selbst zu bändigen, wenn man außer sich geraten ist, dies scheint eine ganz besondere Aufgabe zu sein, die ohne den Segen einer höheren Kraft nur Weisen oder sehr erfahrenen älteren Personen gelingt. Sie sind dann jedoch besonders ausgezeichnet.

Die Verdrängung
Die Erfahrung zeigt, daß nur diejenigen ausgezeichnet werden, die Fehler gemacht, sich zu ihnen bekannt und sie überwunden haben. Jeder Fehler hat seinen Sinn. Wer allerdings Fehler macht, den Sinn nicht sucht und die Verantwortung abschiebt, hat keine guten Entwicklungschancen.

Der Antrieb

Es wird sich nicht jeder Antrieb zügeln lassen, und es besteht durchaus die Gefahr, daß zuviel Zügelung den Antrieb erstickt. Wichtig scheint es jedoch zu sein, nachdem die Luft abgelassen ist und der Geist sich beruhigt hat, weiterhin gerecht und sinnvoll handelnd vorzugehen.

Die Entfaltung

Keine Urkraft kann wissen, was sie auslöst, wenn sie zur Wirkung kommt. Kraftausbrüche und -einsätze sind auf ihrem Höhepunkt kaum mehr in den Griff zu bekommen. Aber der Wunsch, niemandem Schaden zuzufügen, vermag auch die brutalste Kraft zu steuern.

Die Gegebenheit

Oft scheint eine äußerst schnelle Reaktion unerläßlich. Die Handelnden scheinen unmittelbar gefordert zu sein. Danach ist es wichtig, einzuhalten, um zu prüfen, ob der Einsatz wirklich sinnvoll war oder ob nur das wallende Blut entschieden hat. Selbstbefragung ist wichtig.

Die Entscheidung

Wenn der Kopf gebraucht wird, dann bei der Entscheidung. Wenn allein Kampfesmut die Handlungen bestimmen würde, wäre die Kultur bald ausgelöscht, und die Menschen müßten zurück in ihre Erd- oder Steinhöhlen, um wieder von vorn zu beginnen.

Die Umsetzung

Der Mut einzelner ist stets gefragt und hat auch oft Vorbildcharakter. Doch wenn es nach dem Fanfarensignal des Beginns an die praktische Umsetzung geht, dann sollte ein Gremium die Lage erläutern, damit alle Betroffenen zu Worte kommen.

Das Ziel

Hochgesteckte Ziele verführen zum Träumen. Oft sind Träume Voraussetzung für spätere Taten. Also ist zu träumen. Doch man muß wissen, daß sich kein Traum bis in die letzten Einzelheiten und Wünsche erfüllen läßt. Träume mit den realen Gegebenheiten in Verbindung zu bringen und zu vereinen, das sei das Ziel.

35 Die Bremsung

*Das Geheimnis eines andauernden Erfolges besteht
darin, jeden Erfolg auch für andere nutzbringend
anzuwenden. Jeder Erfolg muß verwurzelt werden,
damit er sich – zuerst kaum merkbar – langsam,
aber stabil in sich verbreitern kann. So wie ein
junger Baum anfangs über der Erde kaum sichtbar,
aber unter der Erde schon fest verwurzelt ist.*

Die Zahl »35« steht für das Symbol von Mars und Saturn, wobei
Mars die Führung übernimmt. Folglich ist bei jeder Frage, die die
Gegenwarts- und Zukunftsgestaltung betrifft, darauf zu achten,
daß alles in Bewegung Gesetzte im Nofall auch zu bremsen ist.
Keine Bewegung darf unkontrolliert wirken, sie muß gesteuert
werden.

Grundeinstellung der Person
Die Selbsterprobung spielt eine wichtige Rolle im Leben vieler
Menschen: Etwas zu wagen, sich über das Alte zu erheben, neue
Wege zu gehen. Der Wunsch, sich abzunabeln, ist verständlich,
doch es kommt darauf an, wie die Zügel abgestreift werden.

Die Verdrängung
Die Arroganz der Jungen und ihr Vorteil bestehen darin, sich
über die Älteren zu erheben. Damit wird jedoch mancher Ältere
in den inneren Tod getrieben, was wiederum von den Jungen
verdrängt wird – bis sie beiseite geschoben werden.

144

Der Antrieb

Wagemut bestimmt den Antrieb. Eroberungslust, das Abenteuer. Doch man muß wissen, daß uns die Vergangenheit wie die alten Bindungen immer wieder einholen. Wer das beim Start nicht bedenkt, der kommt – obwohl scheinbar frei – nicht weit.

Die Entfaltung

Stürmisch will Jugend sich entfalten. Doch ist der Boden, auf dem geerntet werden soll, schon vorbereitet? Trägt er vielleicht noch die Saat vorangegangener Generationen? Dies sollte bei der Entfaltung der Jungen berücksichtigt werden.

Die Gegebenheit

Meist wird auf eine gesicherte Gegebenheit nicht geachtet, dazu fließt das Blut in den Adern (ob an Jahren alt oder nicht) zu stürmisch. So muß das Warten auf die Gegebenheit erst gelernt werden, was meist nur durch starke Enttäuschungen geschieht.

Die Entscheidung

Junge Leute wollen nicht zögern und warten. Sie verachten die Älteren, die alles bedenken, zumindest überschlafen wollen. So treffen sie ihre persönlichen Entscheidungen, und sie haben auch meist Erfolg, aber der Krug geht nur so lange zum Wasser, bis er bricht.

Die Umsetzung

Hier erweist sich dann der Meister des Geschicks. Entscheidungen sind meist nicht zurückzunehmen, korrigiert werden können sie nur durch eine überlegte Umsetzung. Dazu braucht es jedoch in der Regel den Rat eines älteren, erfahrenen Menschen.

Das Ziel

Das Ziel sollte darin bestehen, seine eigene Kraft in die Waagschale zu werfen, um sie zu erproben. Die neue Zeit muß die alte Zeit überwinden, nur darf damit das Alte nicht zerstört, sondern umgestaltet werden. Diesen Prozeß mit in die Lebensgestaltung einzubeziehen, ist die höchste Weisheit.

明夷

36 Die Schatten

Wer sich über die Schwierigkeiten einer Situation nicht im klaren ist, der verrät damit, daß seine Intelligenz noch einer Schulung bedarf. Wer nicht bedenkt, der verzichtet auf die Eigenschaft, die den Menschen vom Tier unterscheidet, und er begibt sich auf das Niveau dieser seiner Vorfahren zurück.

Die Zahl »36« steht für das Symbol von Mars und Merkur, wobei Mars die Führung übernimmt. Folglich ist bei jeder Frage, die die Gegenwarts- und Zukunftsgestaltung betrifft, der wache Verstand einzusetzen, um Kraft, Willen und Energie in intelligente Bahnen zu lenken und zu nutzen.

Grundeinstellung der Person
Mut verbunden mit Zivilcourage ist eine der wichtigsten Eigenschaften. Mut allein haben viele Menschen, aber Mut mit Geist und Überlegung gepaart, verspricht Erfolg, weil so die Schatten eines jeden Aspektes deutbar werden.

Die Verdrängung
Viele leben bewußt und optimistisch, nur verdrängen sie die Schatten, die jedes Licht wirft. Ohne Verstand sind die Schatten nur Bilder ohne Sinn, doch mit Verstand werfen sie das Licht in unser Inneres, wenn wir es nicht verdrängen, sondern erkennen wollen.

Der Antrieb

Ohne Mut hat kein Antrieb einen Sinn, weil kaum Erfolg zu erwarten ist. Doch auch Mut darf nicht blind sein. Die dunklen Seiten einer Angelegenheit zu erkennen, gibt dem Mut Sicherheit. Ohne Sicherheit, die von innen kommt, ist man verloren.

Die Entfaltung

Sollen Möglichkeiten der Entwicklung abgesteckt werden, bedarf es der Überlegung. Diese kann blitzartig kommen, aber auch nach philosophischem Nachdenken. Beide Wege führen zur steten Entfaltung, während sonst Verluste auftreten.

Die Gegebenheit

Nicht immer kann die Lage in Ruhe abgeklärt werden. Notsituationen, Hilfeschreie zwingen zum Handeln, bevor die Lage erkundet ist. Um so wichtiger erscheint es dann, sich selbst, mit Hilfe der Vernunft, günstige Voraussetzungen zu schaffen.

Die Entscheidung

Tabula rasa ist ein Wunschtraum von altersher. Diese Sehnsucht, mit einem einzigen Schlag aller Schwierigkeiten Herr zu werden, beschleunigt manche Entscheidung, die manchmal, jedoch nicht immer, angebracht scheint.

Die Umsetzung

Die Frau weiß oft besser als der Mann, wie Pläne verwirklicht werden sollten, ohne daß die Liebe auf der Strecke bleibt. Der Mann will Lösungen über seinen Intellekt erarbeiten. Da er dies aber ungern zugibt, erfolgt manche Umsetzung zur falschen Zeit und am falschen Ort.

Das Ziel

Meist werden die Ziele recht vernünftig ausgewählt, auch wenn der erste Anschein dagegen spricht. Doch im Grunde wird das Faß kaum jemals zum Überlaufen gebracht; soviel hat der Mensch doch in den Jahrtausenden gelernt. Allein der Verdacht, kein Maß zu kennen, ruft Widerspruch aus Angst hervor.

37 Der Kreis

*Wer den Himmel und das Leben um sich herum
beobachtet, der muß erkennen, daß allein der Kreis
das Symbol der Ewigkeit ist. So hat sich der kluge
Mann auf den Kreislauf der Dinge einzustellen, die
Frau weiß es schon längst. Der Kreis entspricht ihrer
inneren Wahrheit, ihrem Wissen vom Kommen und
Gehen.*

Die Zahl »37« steht für das Symbol von Mars und Uranus, wobei
Mars die Führung übernimmt. Folglich ist bei jeder Frage, die die
Gegenwarts- und Zukunftsgestaltung betrifft, auf die Intuition
zu warten. Ein »zu früh« kann alles in Frage stellen, auch das,
was gesichert erscheint.

Grundeinstellung der Person
Mit Einsatzbereitschaft werden Einfälle nicht nur gesammelt,
sondern schnellstens in die Tat umgesetzt. Oft so schnell, daß die
Umgebung, steht sie dem Handelnden noch so nah, einfach nicht
folgen kann. Vor einem Davongaloppieren sei gewarnt.

Die Verdrängung
Nicht genutzte Momente sollen eine Mahnung sein. Wenn das
verdrängt wird, weil niemand an verpaßte Chancen erinnert
werden möchte, dann können keine Lehren gezogen werden.
Doch gerade Gedankenblitze brauchen die Lehre der Erfahrung,
um zu wirken.

Der Antrieb

Der Blitz kommt nicht so urplötzlich, wie mancher andere Antrieb. Blitze kündigen sich durch Gewitter an, Gedankenblitze oft nicht. Nur wer die Omen kennt, ahnt die Einschläge. Daher ist stete Bereitschaft zum Einsatz Voraussetzung für das Handeln.

Die Entfaltung

Meist ist die Entfaltung so wenig abzuschätzen wie der Gedankenblitz, der den Antrieb beflügelte. Aber gerade diese Intuitionen benötigen der Ordnung, sollen sie sich für alle entfalten. Der Gedanke allein ist es nie, erst wenn er zur Tat wird, zeigt er Größe.

Die Gegebenheit

Immer oder nie, so dürfte die Möglichkeit der echten Gegebenheitschance umschrieben werden; genauso wie der Kreis für immer oder nie existiert. Kommt der Einfall mit der Kraft des Schöpfers, dann kann nicht gefragt werden, ob die Situation es erlaubt oder nicht.

Die Entscheidung

Das Leben zeigt uns immer wieder, daß Entscheidungen zwar häufig, aber nicht immer von uns selbst zu treffen sind. Entscheidungen können aus heiterem Himmel kommen oder über Nacht von uns gefordert werden. Stets aber sind gefallene Entscheidungen anzunehmen.

Die Umsetzung

Eine schnelle Entscheidung, eine plötzliche Umorientierung fordern in der Folge Bedachtsamkeit. So muß das Tempo des Entschlusses gestoppt, zumindest aber verlangsamt werden. Kein Baum wächst ohne Verzögerungen dem Himmel entgegen.

Das Ziel

Größe sollte das Ziel haben, denn wenn wir den seltenen genialen Einfällen vertrauen wollen, dann darf das Ziel nicht nur nebenbei anvisiert werden. Es geht um das Symbol des Kreises, des Perpetuum mobile unserer ewigen Seelenkraft: Nichts vergehe, damit alles wieder auferstehe, was einmal gelebt hat.

38 Der Gegensatz

Gegensätze ziehen sich an, so lautet eine Redensart über Liebesbeziehungen. Aber Gegensätze haben nicht nur eine Anziehungskraft, sondern sie können auch im Kampf miteinander liegen, so wie Gefühl und Trieb, Liebe und Ehrgeiz, Hingabe und Wille. Mythisch wurde dies einst durch Mars und Venus ausgedrückt. Mars kniete nur vor einer Gottheit – vor Venus.

Die Zahl »38« steht für das Symbol von Mars und Venus, wobei Mars die Führung übernimmt. Folglich sind bei jeder Frage, die die Gegenwarts- und Zukunftsgestaltung betrifft, Liebe und Trieb zu vereinen, denn nur Gefühle mit dem Trieb verbunden können schöpferisch etwas Neues gebären und groß werden lassen.

Grundeinstellung der Person
Sicher reagiert der Trieb stets schneller als das Gefühl. Der Trieb kann sofort angereizt werden, das Gefühl braucht Zeit. – So müssen die Handelnden lernen, daß alles Schnelle erst über Emotion, Gefühl und Liebe auf seinen Bestand geprüft werden sollte.

Die Verdrängung
Wenn Trieb für Liebe gehalten oder, was noch schlimmer ist, ausgegeben wird, dann ist damit ein Ende programmiert, das

Schmerzen produziert. Dafür schämt sich der Mensch, auch wenn er es nicht zugibt. Er verdrängt diese Mahnung, ohne sie abhängen zu können.

Der Antrieb

Spontan sollte der Antrieb erfolgen, aber noch nicht als der Weisheit letzter Schluß angesehen werden. Ohne Trieb zündet kein Funke der Begegnungsseligkeit, der Liebe. So ist der Antrieb ernst zu nehmen, aber wirklich nur als Aufleuchten eines wärmenden Feuers.

Die Entfaltung

Sie braucht viel Zeit, denn sie ist – wenigstens in der Hoffnung – auf ewig angelegt. Dies aber grundsätzlich und nicht nur bei Partnerschaften, sondern stets dann, wenn die Liebe mit im Spiel ist, also in der Kunst, in der Bewunderung der Natur und bestehender Werte.

Die Gegebenheit

Es ist nie vorauszusehen, wann und wie Trieb und Gefühl sich vereinen. Meist geht ein Engel durch den Raum, oder man wird von der Muse geküßt. Wenn die Gegebenheit nicht kommt, dann muß man für die Bereitschaft zur Liebe viel an sich arbeiten.

Die Entscheidung

Die Weisen wußten es immer: Die Entscheidung über Liebe und Gefühl liegt allein im Himmel. Die Bereitschaft, so eine Entscheidung anzunehmen, muß jedoch auf der Erde gepflegt werden, damit der Himmel auf die Erde kommen kann.

Die Umsetzung

Liebe umzusetzen hört sich so leicht an, ist jedoch eines der schwersten Dinge, das der Mensch aus sich heraus bewältigen muß. Dabei kann uns niemand helfen, kein guter Freund oder die Erfahrungen derer, die das gleiche erlebt haben.

Das Ziel

Liebe vermag – wie nichts anderes auf der Welt – Gegensätze zu vereinen und schwarz und weiß zusammenzuführen. Liebe bewirkt Wunder. Wunder, die Herzen entzünden, die Kunst- oder Hilfswerke schaffen, Wunder, die Leben bewahren und Wunder, die Trost spenden.

39 Die Enge

Die eigene Enge ist es, die Menschen ausbrechen läßt. Mit Enge ist mehr ein innerer Zustand als äußere Beengtheit gemeint. Wer innen angefüllt ist und einen weiten Blick hat, der fühlt sich auch nicht begrenzt. Wer dagegen Enge in sich spürt, dem wird auch die Weite großer Ebenen eng vorkommen.

Die Zahl »39« steht für das Symbol von Mars und Neptun, wobei Mars die Führung übernimmt. Folglich ist bei jeder Frage, die die Gegenwarts- und Zukunftsgestaltung betrifft, der animalische Instinkt in Verbindung mit dem Ehrgeiz einzusetzen, um Weite und Freiheit zu empfinden, damit alle Aufgaben bewältigt werden können.

Grundeinstellung der Person
Wer sich allein vom animalischen Instinkt und seinem Ehrgeiz treiben läßt, der kommt vielleicht recht weit, aber die Gipfel werden diese Menschen nie erreichen, bevor sie sich nicht selbst überwinden und dann über sich hinauswachsen.

Die Verdrängung
Der Instinkt kennt keine Zeiten, weder Zeiten der Vergangenheit, noch der Zukunft. Handlungen des Momentes jedoch können Irrtümer in sich tragen, die Schaden anrichten. Dies wird gern verdrängt. Doch nur durch Eingestehen des Verdrängten wird man weitsichtig.

Der Antrieb
Er scheint zeitlos im Hinblick auf das, was war, und das, was kommt. Doch das, was ist, ist ohne die anderen Zeiten unwichtig. Daher muß auch der Antrieb auf dem Gewesenen aufbauen und den Blick auf das Zukünftige richten, damit mehr als der gegenwärtige Zustand verbessert wird.

Die Entfaltung
Auf einen guten Instinkt aufzubauen, ist an und für sich gut, doch darf dies nicht die Basis an sich sein. Die Basis muß von der Tiefe in die Höhe reichen, von der linken zur rechten Seite.

Die Gegebenheit
Im Grunde kann, wenn der Instinkt reagiert und warnt, die Gegebenheit stets vorhanden sein, denn ein gesunder Instinkt warnt vor einer Gefahr. Und Gefahr bedeutet Enge in der Handlungsfreiheit. Wird dies erkannt, ist die Zeit reif.

Die Entscheidung
Schwer ist es, die richtige Entscheidung zu fällen, wenn Wille und Instinkt vorherrschen. Also sollte Einhalt geboten werden, um den Willen zu prüfen, den Instinkt weiterhin reagieren zu lassen, denn der Instinkt richtet sich besser nach Gegebenheiten als der Wille.

Die Umsetzung
Wer sich umstellt, muß gelernt haben, sonst kann er keine tiefgreifende Umstellung vornehmen. Dies sollte auch jeder Umsetzung eines Planes vorausgehen, denn wer bisher auf Sand, nun aber auf Steinen geht, hat einen weiten Weg zurückgelegt.

Das Ziel
Es ist die Zivilisation. Das hört sich groß an, muß aber zunächst im kleinen vollzogen werden. Instinkt und Kampfeslust existieren in jedem Tier, der Mensch sollte diese Kräfte zwar nicht vernachlässigen, sie aber doch mit anderen Kräften ergänzen, mit Geist und Liebe, mit Vorsicht und Rücksicht.

40 Die Heilung

Wenn die Zeit gekommen ist, etwas zu unterneh-
men, dann empfiehlt es sich, sofort damit zu begin-
nen, denn verlorene Zeit ist nie wieder zurückzube-
kommen. Das zeigt sich am klarsten, wenn etwas
erkrankt ist und der Moment der Hilfe verpaßt
wurde. Die Heilung dauert dann länger als nötig,
weil kleine Wunden leichter heilen als große. Wer
das versäumt, kann von Glück sprechen, wenn ihn
ein reinigendes Gewitter rechtzeitig aufschreckt.

Die Zahl »40« steht für das Symbol von Jupiter und Pluto, wobei
Jupiter die Führung übernimmt. Folglich ist bei jeder Frage, die
die Gegenwarts- und die Zukunftsgestaltung betrifft, bedacht
und gerecht vorzugehen, verbunden mit der notwendigen
Durchsetzungskraft, der aber kein Vorrang eingeräumt werden
darf.

Grundeinstellung der Person
Der Blick ist hoch hinauf gerichtet, viele (und doch sind es
wenige) streben zum Olymp. Am liebsten würden diese Menschen ihrer Umgebung das Drängen zum Gipfel mit Macht
einpflanzen, da sie davon überzeugt sind, daß nur so das Heil zu
finden ist.

Die Verdrängung

Wer hoch hinaus will, der stolpert manchmal über die kleinen Sünden des Lebens, da die Verführbarkeit alle Menschen betrifft. Aber die Strebenden und Eifernden verdrängen ihre kleinen Sünden gern und begehen so den Pfad der Scheinheiligkeit.

Der Antrieb

Der Startschuß soll von den Handelnden selbst bestimmt werden. Diese Fixierung, die an und für sich richtig ist, verengt jedoch den Blick, denn so hört man wenig auf andere. Man will sich nicht beeinflussen lassen. Das vermag alles zu gefährden.

Die Entfaltung

Sinnvoll soll sie sein und auch gerecht. Alle sollten an ihr partizipieren. Nur wollen die Handelnden möglichst allen einen Schritt (und sei er noch so klein) voraus sein. Unnötiges Konkurrenzdenken ist eher hindernd als fördernd.

Die Gegebenheit

Ob die Lage günstig ist, darf nicht unter dem Aspekt von Machtoder Durchsetzungswillen beurteilt werden, weil sonst der dunkle Trieb, der jeden nach oben streben läßt, den Blick zu sehr auf die eigene Person lenkt, statt das weite Feld, das zu bearbeiten ist, ins Visier zu nehmen.

Die Entscheidung

Nicht jede Entscheidung entscheidet wirklich alles. Da aber hier die Motivation so groß ist, daß alle Kräfte mobilisiert werden, ist es notwendig, die Entscheidung als wichtigsten Moment zu betrachten. Manches ist unwiderruflich.

Die Umsetzung

Hier kommt es auf die geballte Zusammenfassung aller Kräfte an, wobei der Gerechtigkeitssinn besonders gefragt ist, da bei der Umsetzung geschehene Ungerechtigkeiten auf Generationen hinaus nachwirken könnten, was unbedingt vermieden werden muß.

Das Ziel

Das Ziel liegt nicht in den Wolken, wenn es auch so scheint, dazu hängen die Wolken viel zu tief über der Erde. Das Ziel sollte noch höher anvisiert werden, auch wenn alles wie ein Wachtraum scheint. Nur die, die weit voraus träumen, erfassen die Dimensionen dieser Welt.

41 Der Kern

Auch der Stärkste wird einmal geschwächt, auch der Schwächste erscheint einmal stark. Doch dies sind vorübergehende Erscheinungen, die der Prüfung dienen. Der Kern wird davon kaum berührt. Dies verhält sich wie Verlust und Gewinn. Am Ende hat der Besonnene, der sich auch als stark erweist, den Gewinn. Es kommt immer auf den Kern an.

Die Zahl »41« steht für das Symbol von Jupiter und Sonne, wobei Jupiter die Führung übernimmt. Folglich sind bei jeder Frage, die die Gegenwarts- und die Zukunftsgestaltung betrifft, Autorität und Entfaltungsdrang einzusetzen. Jedes Tun ist darauf anzulegen, führende Positionen einzunehmen.

Grundeinstellung der Person
Das Streben nach Führung ist spürbar, aber es wird auch deutlich, daß hier – zumindest anfangs – die Sache im Vordergrund steht. Gefahren entstehen erst dann, wenn der Gewinn der Macht dunkle Triebe weckt, die nicht von der Macht ablassen wollen.

Die Verdrängung
Fast alle meinen zur Führung berufen zu sein, in Wahrheit sind es nur sehr wenige. Jeder erfolglose Führungsanspruch wird als Schande empfunden und tief verdrängt. Viele vergessen, daß man aus diesen Erfahrungen Folgerungen ziehen kann.

Der Antrieb

Frühstarter sind diejenigen, die im Ablauf ihres Lebens nie eine Niederlage einkalkulieren, so gewinnen sie, um am Ende doch zu verlieren, weil ein Frühstart nie lohnend ist, da die Konzentration darauf die Kräfte frühzeitig verbraucht.

Die Entfaltung

Wie die Luft zum Atmen benötigt wird, so brauchen die Handelnden das Streben nach Einfluß und Anerkennung für ihre Existenz. Diesen Urtrieb im Menschen, der sich bei Übertreibung böse auswirken kann, gilt es zu erkennen, um sich weiter entfalten zu können.

Die Gegebenheit

Die allgemeine Lage bietet eine gute Ausgangsposition, weil die Interessen aller berührt werden. Es wäre daher verhängnisvoll, sich nicht danach zu richten und seine eigene Beurteilung als allein richtig in den Vordergrund zu rücken.

Die Entscheidung

Es besteht die Gefahr, daß die getroffenen Entscheidungen mit aller Macht durchgesetzt werden. Dabei wäre Güte oft viel sinnvoller, ebenso wie die Fähigkeit zu verzeihen, statt andere anzuklagen, um sie ihrer Strafe zuzuführen.

Die Umsetzung

Milde ist angebracht bei denen, die wollen, aber nicht können. Strafe sei denen angedroht, die können, aber nicht wollen. Das spornt alle an der Umsetzung Beteiligten an, weil sie wissen, daß das Werk getan werden kann, wenn sich jeder bemüht.

Das Ziel

Ein Wunder sollte am Ende zu beschauen sein. Ein Wunder, weil durch die Taten Heilungen oder zumindest Heilungschancen geschaffen wurden, die das Leben wieder lebenswert erscheinen lassen. Das weitere Ziel wäre aufzuzeigen, zu welchen positiven Taten der Mensch fähig ist, wenn er die Egozentrik abgelegt hat.

42 Die Verarbeitung

Wenn die Zeit und die Früchte reif sind, dann muß geerntet werden. Doch damit ist es nicht getan, wichtiger noch ist die Verarbeitung. Und was für die Früchte gilt, daß gilt auch für den Menschen, der alle seine Ernten erst verarbeiten sollte, eher er eine neue Saat auslegt. Die Seele benötigt für die Verarbeitung mehr Zeit als der Verstand, weil die Seele alles länger bewahrt.

Die Zahl »42« steht für das Symbol von Jupiter und Mond, wobei Jupiter die Führung übernimmt. Folglich ist bei jeder Frage, die die Gegenwarts- und die Zukunftsgestaltung betrifft, darauf zu achten, daß jede Entfaltung von der Seele angenommen und verarbeitet wird. Erst die Seele kann entscheiden, ob eine Entfaltung gefestigt ist.

Grundeinstellung der Person
Grundsätzliche Handlungen werden bevorzugt. Die Handelnden sortieren schon vorher, und sie müssen vor einer Tat gut geschlafen haben. Sie wissen, wer sich stolpernd auf den Weg macht, der ist voller Unsicherheit und sollte umkehren.

Die Verdrängung
Manches Tun erscheint im nachhinein einfach als unwürdig. So einer Folgerung schaut kaum jemand gern ins Gesicht, daher wird verdrängt, weil nicht war, was nicht sein darf.

Der Antrieb

Wenn aus der Seele das Signal kommt, etwas Neues auf die Beine zu stellen oder etwas Altes zu festigen, dann soll diese Aufforderung aus dem Inneren sehr ernst genommen und befolgt werden. Die Kraft der Seele weist uns den richtigen Weg.

Die Entfaltung

Unsichere Tatsachen, unbearbeitete Böden, alles, was unklar scheint, nutzt der Entfaltung nicht. So ist der Boden für die Folgen der Handlung gut vorzubereiten, und wer klug ist, wartet wie der Bauer auf die Zeichen der Himmelserscheinungen, die die Wetterregeln schufen.

Die Gegebenheit

Entfaltung ohne egozentrisches Streben benötigt keine besonderen Umstände. Für sie ist die Zeit immer richtig. Hier liegt auch der Wegweiser für den Zeitpunkt weiterer Stationen. Ohne Egoismus und Egozentrik geht fast alles wie von allein.

Die Entscheidung

Nach einer langen Nacht mit erquickendem Schlaf sollten die entscheidenden Schritte angegangen werden. Ausgeruht und voller Kraft muß den kommenden Dingen ins Auge geschaut werden. Ist dies der Fall, dann wird die Entscheidung immer richtig sein.

Die Umsetzung

Mit Phantasie lösen sich Probleme, die festgefahren schienen, mit Phantasie kann jeder aus einer Sackgasse, sogar aus einem Labyrinth herausfinden. So ist die vielseitige Information gefragt, die in jedem Menschen lebt und die Grundlage seiner Phantasie darstellt.

Das Ziel

Verarbeitung ist das Ziel, damit Pläne, die angerissen sind, auch vollendet werden. Wie viele suchen ein schnelles Ende, nur um nicht verweilen zu müssen. So verarbeiten sie nichts und stehen, obwohl sie viele Ziele erreicht haben, im Grunde doch mit leeren Händen da, oder alles zerfließt zwischen ihren Fingern.

43 Der Einsatz

*Einsatz wird sehr häufig verlangt, aber nicht im-
mer. Menschen, die stets im Einsatz sind, haben
keine Chance zu verweilen. Andererseits gibt es
Menschen, die lieber verweilen, als sich einzusetzen,
und diese Menschen sind dann nicht vorbereitet,
wenn unerwartete Schwierigkeiten auftreten.*

Die Zahl »43« steht für das Symbol von Jupiter und Mars, wobei
Jupiter die Führung übernimmt. Folglich ist bei jeder Frage, die
die Gegenwarts- und die Zukunftsgestaltung betrifft, zu bedenken, daß jeder Einsatz sich lohnen muß, um die Kräfte nicht zu
verschleudern, denn das Leben verlangt zu oft hohen Einsatz –
bis hin zum Tod.

Grundeinstellung der Person
Einsatzfreudig und stets auf der Hut, bereit, gewonnenes Terrain
nicht nur abzusichern, sondern auch auszuweiten. Dabei ist zu
bedenken, daß die Menschen, die sich nicht aus eigener Kraft
entfalten können, trotzdem das Recht dazu haben.

Die Verdrängung
Rücksichtsloses Vorgehen stößt im Grunde nur auf wortreiche
Ablehnung, aber im Grunde zählt zunächst doch der Erfolg, da
keiner gerne auf der Verliererseite steht. Wer das verdrängt, ist
unaufrichtig.

Der Antrieb

Schon im ersten Ansatz muß die Ehrlichkeit überzeugen. Winkelzüge würden die Energie nicht nur zu schnell verbrauchen, sondern alle Bemühungen und Vorbereitungen auf die Ausgangslage zurückwerfen. Erst wahre Ehrlichkeit schafft Vertrauen.

Die Entfaltung

Von Menschenliebe wird in der Regel mehr gesprochen, als daß man sie praktiziert. Wir hören recht gern den Klang schöner Worte, aber schließen die Augen vor den Tatsachen. Dieses Verhalten verhindert jede wahre Entfaltung.

Die Gegebenheit

Angemessener und mutiger Einsatz bereitet den Boden, auf dem gesät und geerntet wird. Der Bauer, der sich bemüht, unfruchtbare Flächen in grünes Land zu wandeln, der schafft die Gegebenheiten, auf denen sich dann alles wie selbstverständlich ausbreiten kann.

Die Entscheidung

Bei Streitigkeiten, deren Ausgang nicht abzusehen ist, weil beide Parteien recht und unrecht zugleich haben, ist es klug, auf das Urteil eines gerechten und weisen Mannes zu hören. Danach ist die Entscheidung zu fällen.

Die Umsetzung

Wer sich bemüht, gerecht zu handeln, muß nicht gleichzeitig bereit sein, einen Kreuzzug zu entfachen oder sich einem anzuschließen. Alles Fanatische wird mit der Zeit Recht in Unrecht verwandeln, manchmal sogar so, daß der echte Kern verlorengeht.

Das Ziel

Wahre Gerechtigkeit ist ein erstrebenswertes Ziel, aber es gibt sie nicht, weil die Menschen nicht fehlerlos sind. Trotzdem müssen wir um das Recht kämpfen, damit sich die Augen für Ungerechtigkeiten, die wir bisher nicht bemerkt haben, öffnen. Wenn wir Gerechtigkeit anstreben, dann ist unser Ziel schon sehr viel näher gerückt.

姤

44 Die Sinnsuche

*Immer wieder begegnen uns Menschen, die einen
starken Eindruck hinterlassen, weil sie das Auftreten haben, das wir uns ersehnen. Doch statt sich an
diesen Menschen ein Beispiel zu nehmen, suchen die
meisten nach Fehlern, um diese Menschen zu kriti-
sieren, weil sie glauben, daß diese Kritik den anderen herabsetzt und den Kritiker erhöht.
Wer jedoch überwiegend kritisiert, negiert letztlich
seine eigene schöpferische Kraft.*

Die Zahl »44« steht für das Symbol von Jupiter plus Jupiter.
Folglich ist bei jeder Frage, die die Gegenwarts- und Zukunftsgestaltung betrifft, zu prüfen, wie weit der eigene Entfaltungsdrang
gezügelt oder wie stark der Entfaltungsdrang mit schöpferischer
Kreativität verbunden ist, um über sich hinauszuwachsen.

Grundeinstellung der Person
Aufgaben, die andere nicht sehen (oder nicht sehen wollen), gibt
es wie Sand am Meer. Um so bemerkenswerter sind Menschen,
die gerade diese Aufgaben auf sich nehmen. Es handelt sich um
Ausnahmen, und es ist eine Freude, einem solchen Menschen zu
begegnen.

Die Verdrängung

In der Jugend sich mit etwas zu brüsten, was nicht stattgefunden hat, wer kennt das nicht! Wer sich aber im Alter derart aufspielt, der verdrängt damit sein unerfülltes Leben. Diese Tragik muß man verdauen, dann kann man sie sich selbst verzeihen.

Der Antrieb

Etwas Überdimensionales zu schaffen, zu tun, zu erfinden, wer träumt nicht zumindest in der Jugend davon. Doch Träume sind keine Energieträger, die antreiben, sie müssen analysiert werden, damit der Traumzustand überwunden wird und Raum zum Handeln entsteht.

Die Entfaltung

Wenn sich Autoritäten zusammentun, und dies sollten sie hin und wieder, dann kann mit Recht Großes erwartet werden. Nur gehen sich Autoritäten in der Regel leider aus dem Weg, aus Angst, etwas von der eigenen Vormachtstellung einzubüßen.

Die Gegebenheit

Finden sich trotz allem Autoritäten zusammen und beschließen sie sogar, daß niemand von ihnen wichtiger ist als der andere und nur die Aufgabe im Vordergrund steht, dann sind die Gegebenheiten für ein Werk ohne »Wenn und Aber« vorhanden, und das sollte sogleich genutzt werden.

Die Entscheidung

Es ist gut, wenn die Entscheidung in der Hand eines einzelnen liegt, nachdem beraten wurde; doch sollte das Zepter für das Entscheidungsrecht von Hand zu Hand gehen, damit sich keiner derer, die sich verbündet haben, hervortun kann.

Die Umsetzung

Wer am Anfang weiß, daß am Ende alles geprüft wird, der geht anders an ein Werk heran, als derjenige, der meint, er würde nicht mehr geprüft. Letztere sollten nie allein einen Plan umsetzen. Dabei sei bedacht, daß Prüfung und Kritik meist zwei unterschiedliche Dinge sind.

Das Ziel

Ein Gewinn, der einem zufliegt, ohne daß man Opfer gebracht hat, der bringt niemanden ans Ziel. Nur wer diesen Gewinn dann für das Erreichen des Zieles einsetzt, der wird belohnt. Der Wunsch, leicht und bequem zum Ziel zu kommen, ist eine kurzsichtige Illusion.

45 Die Union

Das Endziel aller Bemühungen muß darin liegen, alle Kräfte zu vereinen, sowohl die Entfaltungs- wie die Verwurzelungskraft. Dies zeigt die Natur im Baum. Die Wurzeln liegen im Boden verankert, und das Laubwerk zeigt sich hoch oben – so ist der Baum nicht ohne Grund zum Symbol des Lebens geworden (Lebensbaum).

Die Zahl »45« steht für das Symbol von Jupiter und Saturn, wobei Jupiter die Führung übernimmt. Folglich ist bei jeder Frage, die die Gegenwarts- und die Zukunftsgestaltung betrifft, zuallererst darauf zu schauen, daß Kräfte nicht aus-, sondern zueinander streben, weil nur so etwas Dauerhaftes von Menschenhand gestaltet werden kann.

Grundeinstellung der Person
Wie oben so unten, dieses erste Gesetz des Kosmos für Himmel und Erde hat bis heute nichts an Aussagekraft verloren. In diesem Geist leben die Menschen, die für sich zur Einheit gefunden haben. Diese Ganzheitlichkeit gibt ihnen eine bewundernswerte Sicherheit.

Die Verdrängung

Daß der Himmel unser Leben bestimmt und nicht wir selbst, das wird durch die immer stärker werdende Betonung des Intellekts nicht nur verdrängt, sondern auch verdammt. Doch Wahrheiten lassen sich nicht verdrängen, nicht verdammen. Sie wirken weiter.

Der Antrieb

Der Eifer der Jugend kann ein wunderbarer Antrieb sein, gerade wenn der Eifer darangeht, das Alte zu überwinden, um Neues aufzubauen. So scheint es oft vergebens zu sein, jungen Menschen zu empfehlen, den Rat von Älteren einzuholen.

Die Entfaltung

Sturm und Drang sind wichtig, Weisheit und Geduld auch. Beides verbunden, würde selbst die große Schöpferkraft des Himmels segnen, weil sich hier zeigt, daß der Mensch etwas Wichtiges gelernt hat.

Die Gegebenheit

Wenn der Herrgott nicht will..., dann geht gar nichts. Dieses Lied der Volksweisheit ist keine Platitüde, sondern die Erfahrung vieler Generationen, die erkannt haben, ohne Funken gibt es kein Feuer, ohne Schutz des Himmels keine Chancen.

Die Entscheidung

Wer will, hat mehr erreicht, als der, der möchte. Wer handelt, ist weiter als der, der träumt. Wer sich entscheiden kann, hebt sich von der Masse ab und bestimmt nun seinen Weg allein. Doch auch ein erfahrener Wanderer sollte hin und wieder nach der Wegrichtung fragen.

Die Umsetzung

Wer hoch hinaus will, wer gen Himmel fliegen will, der muß wie die Vögel wissen: es geht immer wieder herab zur Erde. Je größer die Flughöhe, desto notwendiger das Landen. Geschieht dies im Einklang mit dem kosmischen Rhythmus, wird das Werk wachsen und gedeihen.

Das Ziel

So hoch hinaus die Menschen auch wollen, das Ziel selbst kann nur hier unten liegen. Holen wir uns – auf welchem Weg auch immer – vom Himmel die Inspiration zur Erkenntnis und die Intuition des Genialen, verwerten müssen wir diese Einsichten auf der Erde.

升

46 Die Karriere

Einst lernten die Menschen von der Natur – heute
erwarten sie, daß die Natur sich ihnen unterwirft.
Einst nahmen die Menschen auf, daß sich Pflanzen
langsam, schrittweise entwickeln, heute wollen die
Menschen alles hastig verändern und gefährden –
damit die Natur und so auch sich selbst –, aber der
Mensch merkt es nicht, und wenn, verdrängt er es.

Die Zahl »46« steht für das Symbol von Jupiter und Merkur, wobei Jupiter die Führung übernimmt. Folglich ist bei jeder Frage, die die Gegenwarts- und die Zukunftsgestaltung betrifft, der Intellekt neben dem Entfaltungsdrang einzusetzen. So kann unterschieden werden – und zwar frühzeitig –, was machbar ist.

Grundeinstellung der Person

Das Denken bestimmt die Handlungen, wenn auch mit der Gefahr, daß alles der Logik entsprechen muß. Aber welcher Logik, der des Menschen oder der des Schöpfers? Es ist zu befürchten, daß diese Menschen sich höher und klüger als die Schöpfung dünken.

Die Verdrängung

Gott – oder wie man die Schöpferkraft auch rufen möge – läßt sich scheinbar leicht verdrängen. Erst viel später – meist zu spät – erkennt man, daß mit der Verdrängung der Gottheiten aus dem Menschen nur ein Streber, kein Strebender wurde.

Der Antrieb

Die falschen Antriebe können durch eine gewisse Logik als unbedingt notwendig eingestuft werden. Doch man drehe und wende es, wie man will, die Einsicht muß in das Ganze eingebunden sein, will der Kopf nicht herzlos werden.

Die Entfaltung

Überlegungen zur eigenen Entfaltung sind sicher lobenswert, zumal hier der Verstand eine Bescheidenheit fördern kann. Leider besteht auch die Gefahr des Gegenteils, daß der Verstand meint, er brauche sich nicht zu bescheiden, er könne ruhig übertreiben.

Die Gegebenheit

Sind die Wurzeln gesund, ist alles gesund oder kann gesund werden. Dies vermag man auf die Menschen zu übertragen und folgendermaßen zu formulieren: Ist das Denken gesund, alles Kranke wird geheilt werden. Die Gegebenheit ist günstig.

Die Entscheidung

Jeder Schachspieler muß sich, spielt er gegen einen gleichwertigen Partner, Zug um Zug neu entscheiden. Und Zug um Zug geht es auch im Schachspiel des Lebens, da eine Entscheidung nach der anderen überlegt und schnell getroffen werden muß.

Die Umsetzung

Es geht darum, aus dem Spiel Ernst werden zu lassen, aber auch dem Ernst immer noch etwas Spielerisches abzugewinnen. Der Humor wird viel zuwenig als Umsetzer menschlicher Kräfte benutzt, besonders bei zwischenmenschlichen Angelegenheiten.

Das Ziel

Es kommt darauf an, sich zu seinem Ziel zu bekennen. Menschen mit kleinen Zielen kommen sich oft minderwertig vor, also laufen sie größeren Zielen hinterher – und begreifen erst später, daß sie damit vor sich selbst weggelaufen sind. Manche Ziele liegen viel näher, als wir glauben – sie liegen in uns selbst.

47 Das Aufbegehren

*So sehr die Harmonie angestrebt wird, sie kann nur
erreicht werden, wenn man gegen die herrschende
Unharmonie aufbegehrt. Auch in der Natur wächst
nicht alles harmonisch, aber wohl mit dem Hinter-
sinn, daß dann die Freude an der Harmonie um so
größer ist. Auch die Natur muß also aufbegehren,
und sie tut es. Wir merken es oft nur zu spät.*

Die Zahl »47« steht für das Symbol von Jupiter und Uranus,
wobei Jupiter die Führung übernimmt. Folglich ist bei jeder
Frage, die die Gegenwarts- und die Zukunftsgestaltung betrifft,
die Entfaltung mit dem guten Einfall zu verbinden, damit in ein
oder zwei Anläufen geschafft werden kann, was sonst ewig
dauert.

Grundeinstellung der Person
Göttliche Gaben brachte der gefallene Erzengel Luzifer dem
Menschen, der sich aber dadurch nicht beschenkt, sondern
verführt sah, es jetzt dem Schöpfer nachzumachen; doch viel
mehr als ein Zauberlehrling ist bis jetzt nicht aus ihm geworden.

Die Verdrängung
Sich für Gott zu halten, ist menschlich, aber es besser machen zu
wollen als der Schöpfer, das kann nicht verziehen werden. Diese
Sünde wird immer und stets verdrängt, so daß die Menschheit
bald keine Hoffnungen mehr haben dürfte.

Der Antrieb
Geniale Einfälle treiben zum Handeln, denn was sollen Einfälle für die Schublade, für den Merkblock! Wenn man jedoch nicht weiß, wie es nach dem Einfall weitergeht, dann erlahmt bald jeder Antrieb, und die Menschen agieren nur noch von Einfall zu Einfall.

Die Entfaltung
Entfaltungen können voller Überraschungen sein, die sich je nachdem mal so – mal so zeigen. Es kommt nun darauf an, die Überraschungen entweder anzunehmen oder abzufangen. Beides verlangt blitzartige Intuitionen, Einfälle und Reaktionen.

Die Gegebenheit
Wenn sich ständig etwas ändert, wenn der Wind sich stets dreht, dann ist es müßig, auf eine gute Gegebenheit zu warten, ja sogar einfallslos. Einfallslosigkeit aber würde die bestehenden Möglichkeiten vertreiben. Doch man muß jede Gelegenheit beim Schopf packen.

Die Entscheidung
Erfindungen kommen und gehen, die Börse der Erfinder ist stets aktuell und gleichzeitig überholt. So verhält es sich im Leben, manche Entscheidungen sind bahnbrechend, andere Wiederholungen. Nur das Neue – zielgerecht geplant – führt zum bahnbrechenden Durchbruch.

Die Umsetzung
Erstaunlich, wie aus dem Chaos immer wieder Ordnung wächst. Chaotische Kräfte drängen oft zum Einsatz. Diese Kräfte zu ordnen, sollte das Maßgebende bei der Umsetzung sein. Der Mensch muß das Chaos nicht fürchten, sondern als Ausgangslage akzeptieren und dann ordnen.

Das Ziel

Das Ziel mag weit außerhalb der Erde und unserer normalen Möglichkeiten liegen. Doch wer zurück will, muß wissen, daß – zu weit von der Realität entfernt – die Verbindung zur Erde recht brüchig werden kann. Dies ist nicht technisch gemeint, aber die Erde von oben zu betrachten, das vermögen nur sehr wenige.

48 Der Born

*Ein Brunnen spendet Wasser, doch weiß man nie,
wie lange. So scheint es sich mit der Liebe zu
verhalten, die dauernd bereit ist, zu geben, aber
man weiß nie, wann sie erschöpft ist. Liebe hält nur
dann, wenn man sie achtet, und das Wasser wird nur
gespendet, wenn wir unseren Lebensborn achten.*

Die Zahl »48« steht für das Symbol von Jupiter und Venus,
wobei Jupiter die Führung übernimmt. Folglich ist bei jeder
Frage, die die Gegenwarts- und die Zukunftsgestaltung betrifft,
zu prüfen, ob Liebe mit im Spiel ist. Geht es um eine Entfaltung
des Herzens, oder wird wenigstens jede Entfaltung mit lieben-
dem Herzen wahrgenommen?

Grundeinstellung der Person
Jeder Mensch will Liebe empfangen, ohne daß er weiß, ob er
selbst imstande ist, zu lieben. Denn lieben heißt, daß der Mensch
bereit sein muß, sich selbst für seine Liebe aufzugeben, um einen
anderen glücklich zu machen.

Die Verdrängung
Liebe zu nehmen, ohne Liebe zu geben, kann Schicksal sein, das
als eine Prüfung angesehen werden muß. Aber wer bewußt Liebe
nimmt ohne die Bereitschaft, selbst Liebe zu schenken, der tötet.

Der Antrieb

Antrieb aus Liebe ist das Schönste, was es gibt. Wenn Liebe Antrieb gebärt, dann ist dieser Antrieb gesegnet. Die Frage ist nur, ob die Liebe stets echt oder nur eingebildet ist. Antrieb ohne Liebe verwirrt nur und führt auf abgründige Wege.

Die Entfaltung

Ist die Entfaltung voller Liebe, dann verbindet sich jede Tat mit Güte und Herzenswärme. Diese Entfaltung überwindet Grenzen, auch die, die man sich selbst aufgebaut hat. Grenzen jedoch, die nicht überwunden werden, trennen, so daß statt Liebe nur noch Härte regiert.

Die Gegebenheit

Nach der Gegebenheit darf nicht gefragt werden, wenn es um Entfaltung von Herzenswärme und Güte geht. Wer nur auf eine günstige Gelegenheit wartet, um seine Liebe zu bekunden oder zu beweisen, dessen Liebe ist bereits im Abklingen.

Die Entscheidung

Entscheidungen in puncto Liebe gibt es nicht. Der Blitz schlägt ein, oder er schlägt daneben ein. Liebesfunken bedürfen keiner Entscheidung. Wenn jedoch zwei Feuer brennen, mag eine Entscheidung notwendig sein, die allerdings schnell getroffen werden sollte.

Die Umsetzung

Liebesentfaltung läßt sich meist nur sehr schwer in den Alltag einbetten, weil sich die Menschen nie so ändern, wie dann, wenn die Liebe sie heimgesucht hat. Und eine solche Umwandlung braucht Zeit, Geduld und eben Liebe.

Das Ziel

Liebe ist Ursprung des ewigen Lebensborns. Wenn durch Liebe Liebe geboren wird, dann braucht diese Welt nicht unterzugehen. Alles, was geboren wird, sollte den Hauch der Liebe spüren. Auch wenn dies noch illusionär sein mag, sollte es das Ziel sein.

49 Der Entfaltungsinstinkt

*Wandel ist das Geheimnis der Welt. Aber wer hat,
will behalten. Wer oben ist, will dort bleiben. So
wollen nur immer die den Wandel, die noch ein Ziel
haben. Allein dies bedingt Veränderungen, von
denen sich niemand ausnehmen darf. Der Wandel
kommt – ob gewollt oder nicht. Aber zu diesem
Wissen sollte sich jeder bekennen und es nicht
verleugnen.*

Die Zahl »49« steht für das Symbol von Jupiter und Neptun,
wobei Jupiter die Führung übernimmt. Folglich ist bei jeder
Frage, die die Gegenwarts- und die Zukunftsgestaltung betrifft,
der Instinkt zu aktivieren, damit die richtige Spur für die
Entfaltung gefunden werden kann, so wie Tiere ihre Fährten
wittern.

Grundeinstellung der Person
Beharrung ist gut, wenn sie nicht um ihrer selbst willen eingehalten wird, sondern dem Wandel dient. Sich gegen Veränderungen
zu stemmen, heißt, den ersten Schritt zum Abschied vom Leben
zu tun, was besonders an der Altersstarrheit deutlich wird.

Die Verdrängung
Unglaublich, was die Seele an Verdrängtem auffängt und bewahren muß! Doch auch das Verdrängte wandelt sich mit der Zeit. Allein der Instinkt kann dies aufnehmen, nur leider wird er von den verstandesorientierten Menschen genauso verdrängt wie negative Taten.

Der Antrieb
Antrieb im Sinn von Wandlung soll sich auch nach den Bedürfnissen des Instinktes richten. Wer Hunger hat, der esse, wer Durst hat, der trinke, aber nur, solange der Instinkt sagt: Du hast Hunger, du hast Durst. Danach sollte der Mensch seine Wünsche bändigen.

Die Entfaltung
Wenn man auf den Instinkt hören würde, dann wäre die Entfaltung nicht grenzenlos. Kein Tiger nimmt sich ein größeres Revier als das, was er beherrschen kann. Kein Wolf führt ein größeres Rudel an, als er überblicken kann. Tiere halten Maß – instinktiv.

Die Gegebenheit
Eine gewisse Art der Vorsorge liegt im Haushalt der Natur, aber kein maßloses Horten. Darauf sollte sich auch die Gegebenheit beschränken, denn nicht jede Gelegenheit muß genutzt werden, wenn noch alles vorhanden ist.

Die Entscheidung
Jeder verwirklichte Entschluß löst Folgen aus, besonders wenn andere mitbetroffen sind. Wird der Instinkt zu Hilfe gerufen, dann fallen die Entscheidungen stets maßvoll aus, die Umwelt wird nicht geschädigt, ihre Lebensvoraussetzungen bleiben für alle erhalten.

Die Umsetzung

Jede Umsetzung hat ihre Zeit. Jede Zeit will bestimmte Wandlungen herbeiführen. Die Jahreszeiten zeigen allen Lebewesen deutlich an, was zu tun, was zu unterlassen ist. Im Winter wird nicht geerntet, und im Herbst blüht es nicht. Dies sind die Zeichen.

Das Ziel

Jede neue Einstellung, jede künftige Wandlung verlangt von uns, daß man sich zu dieser Veränderung bekennt. Klar wie die Streifen eines Tigers, so meinten die Chinesen, sollen Wegwechsel zu erkennen sein, damit niemand im dunkeln tappe und so der Gefahr entgeht, heimtückisch in eine Falle zu geraten.

50 Die Zeitordnung

Alles hat seine Zeit. Glück, Leid – Geburt und Tod.
Wer dies verstanden hat, der wird Unglück als
Reifeprozeß, Glück als große Belohnung verzeich-
nen – und so leichter glücklich werden. Der Gott der
Zeit ist auch der Gott der Prüfung und der Demut.
Denn Zeit ist Prüfung, und was jemand in seiner
Zeit tut, das allein wird gewertet.

Die Zahl »50« steht für das Symbol von Saturn und Pluto, wobei
Saturn die Führung übernimmt. Folglich ist bei jeder Frage, die
die Gegenwarts- und die Zukunftsgestaltung betrifft, zu prüfen,
wie stark wann und wo die Durchsetzungskraft eingesetzt
werden soll und wann der »dunkle Trieb« zu beherrschen ist.
Beides ist zu meistern.

Grundeinstellung der Person
Aus der Selbstbeherrschung heraus zu wirken, das ist die große
Stärke, die kaum zu übertreffen ist. Zeit haben, das heißt mit der
Zeit gut umgehen können, wobei auch einmal Zeit geopfert
werden muß, um Zeit zu gewinnen.

Die Verdrängung
Ungenutzte Zeit ist ungenutztes Kapital. Ein größeres Kapital
als Zeit gibt es im Kosmos nicht. Zeit verschwendet zu haben,
das gibt keiner gern zu. Man verdrängt diesen Mißbrauch, aber
am Ende des Lebens werden die Tage schließlich doch gezählt.

Der Antrieb

Die Zeit nicht zu verschlafen, das ist meist schon Antrieb genug, nur reicht dies allein bei weitem nicht aus! Denn nur etwas um des Tuns willen zu tun, ist so, wie einen Tag nach dem anderen ungenutzt zu lassen. So benötigt der Antrieb konzentrierte Überlegung.

Die Entfaltung

Wer seine Hauptrichtung nicht genau kennt, der verzettelt sich bei der Entfaltung und kommt in eine Zeitnot, die kaum wieder aufzuholen ist. So sollte man außer dem richtigen Moment auch den richtigen (Zeit-)Plan wählen.

Die Gegebenheit

Jede Entfaltung braucht ihre Notwendigkeit und den richtigen Zeitpunkt. Das heißt, aus den Erfahrungen ist zu lernen! Fehler, die wiederholt werden, potenzieren sich, bis der Handelnde unfähig ist, sie auszugleichen. Wenn man das bedenkt, ist die Gelegenheit zu nutzen.

Die Entscheidung

Oft wird auf die Entscheidung der führenden Autoritäten lange gewartet. Doch wer oben sitzt, sieht mehr als der, der unten wartet. Daher wurden einst die Burgen hoch oben ins Land hineingebaut, um für die, die unten hausten, bessere Entscheidungen treffen zu können.

Die Umsetzung

Wer etwas Großes will, der muß auch dafür Opfer bringen. Aber nicht nur für sich, sondern auch den Göttern, dem Himmel. Der Mensch darf nicht nur sich selbst ernähren, sondern auch seine Gottheiten, seine Ideale, weil sonst keine Umsetzung gelingen kann.

Das Ziel

Mag es in der Ferne, in der Höhe oder tief unten liegen, schwer erreichbar ist es immer, wenn das Ziel eine Lebensstation sein soll, auf der sich der Mensch für länger einrichtet. Kurzfristige Ziele erscheinen bestenfalls als Meilensteine einer Unsicherheit und Unbeständigkeit. Beides zählt am Ende nicht.

51 Der Schicksalsschlag

Angst bestimmt das Handeln mehr als anderes. Um sich zu schützen, nimmt man alles auf sich – auch das Unrecht. Die Furcht, daß der Schicksalsschlag keinem erspart wird, ist die Ursache für die Verfälschung des Charakters und des Lebensablaufes. So gilt es, sich der Angst zu stellen, um frei zu werden.

Die Zahl »51« steht für das Symbol von Saturn und Sonne, wobei Saturn die Führung übernimmt. Folglich ist bei jeder Frage, die die Gegenwarts- und die Zukunftsgestaltung betrifft, zu berücksichtigen, was sich in der Vergangenheit abgespielt hat, da ohne diese Erkenntnis weder Gegenwart noch Zukunft klar zu analysieren sind.

Grundeinstellung der Person
Bedachtsamkeit steht obenan, da aus den Fehlern der Jugend gelernt wurde. Vorsicht wird hoch eingeschätzt, denn das Voraussehen bietet die Chancen, alte Fehler nutzbringend zu verwerten, so daß neue Qualitäten entstehen.

Die Verdrängung
Die Fähigkeit, Nachsicht zu üben, wird weitaus weniger wahrgenommen, als es möglich wäre. Aber Unnachsichtigkeit ist nur selten angebracht und richtet häufig großen Schaden an. Wer davon hört, verdrängt es gern in die unterste Schublade.

Der Antrieb

Nur wenn der ganze Mensch hinter der Aufgabe steht, wenn es wirklich um Tod oder Leben (im übertragenen Sinn) geht, dann erscheint der Antrieb sinnvoll. Dabei ist Anpassungsfähigkeit vonnöten, um Situationen, die andere in Panik setzen würden, zu meistern.

Die Entfaltung

Sich mit Rücksicht zu entfalten, lautet das Gebot. Dabei ist zu bedenken, daß Rücksicht gegen andere die beste Rücksicht darstellt, die jeder sich selbst gegenüber walten lassen kann. In diesem Sinn bekommt das Handeln eine Färbung von Güte, die Freude bereitet.

Die Gegebenheit

Handelnde sollten auf ihre Vergangenheit zurückschauen, sollten prüfen, ob alte Wunden geheilt, ob Kränkungen nicht nur vom Kopf, sondern auch von den Wurzeln her bewältigt wurden. Nichts ist gefährlicher, als wenn bei einem Neuanfang Rachegelüste aufkommen.

Die Entscheidung

Es gibt Entscheidungen, die für Generationen Folgen haben, ob in der eigenen Familie oder im Dorf, in der Stadt oder im Volk. Um eine solche Entscheidung könnte es hier gehen, also ist sehr weit zurück und noch weiter vorwärts zu schauen, ehe entschieden wird.

Die Umsetzung

Grundsätzliche Änderungen und Verhandlungen sind unausweichlich. Das versetzt die Umwelt meist in Panik. So hat der Handelnde Ruhe und Sicherheit auszustrahlen, denn er ist der Fels, auf den die anderen bauen, um neues Vertrauen zu erlangen.

Das Ziel

Manche Ziele sind grundsätzlicher Art. Wenn es etwa um die Tradition, die Herkunft oder um den Glauben geht. Diese Ziele zu erreichen, verlangt einen langen inneren Atem und äußere Ausdauer, aber auch eine Verteidigungsbereitschaft, das neue Ziel zu schützen, um so die erlittenen Schicksalsschläge zu überwinden.

52 Die Schweigsamkeit

Ist die Zeit zum Ruhen gekommen, weil die Sonne untergegangen ist, dann soll man sich auch zur Ruhe begeben und bewahren, was der Tag gebracht hat. Erst wenn die Zeit zum Handeln wiederkehrt, weil die Sonne aufgegangen ist, ist das Handeln einzuleiten, ohne über die Erfahrungen der Nacht laut zu sprechen.

Die Zahl »52« steht für das Symbol von Saturn und Mond, wobei Saturn die Führung übernimmt. Folglich ist bei jeder Frage, die die Gegenwarts- und die Zukunftsgestaltung betrifft, die Konzentration bewußt auf die Seele zu lenken. In ihren Tiefen liegt die größte, Kraft, um die Zeit zu nutzen.

Grundeinstellung der Person

Was gesagt ist, mußte gesagt werden, dann ist es aber auch gesagt. Wiederholungen erübrigen sich, wenn zugehört wird. Wer nicht hören kann, den bringt dauerndes Reden auch nicht weiter. Zudem ist Schweigen oft beredsamer als ein Schwall von Worten.

Die Verdrängung

Wenn Schweigen Gold ist, dann ist Verschweigen Gift. Tödliches Gift. Jeder, der etwas verschweigt und damit Schaden bringt, will das letztere meist nicht wahrhaben, also verschweigt er es vor sich selbst; doch Verdrängtes spricht immer – zur gegebenen Zeit.

Der Antrieb
Die Seele gibt Zeichen. Ihre Omen müssen wir wahrzunehmen lernen. Das ist schwer, weil sie lautlos sind, eben nur Zeichen. Doch die Zeichen des Himmels sind auch stumm, es leuchten nur die Lichter und Sterne, und doch werden sie den Moment des Antriebs auslösen.

Die Entfaltung
Entfaltungen, die kaum wahrgenommen werden, bringen die stärksten Umschwünge im Leben, weil sie aus der Tiefe kommen und keiner Worte mehr bedürfen. Die Zeit war reif für den Wandel, also entfaltet er sich auf seine Art: still und nachhaltig.

Die Gegebenheit
Die Seele weiß immer, wann etwas zu tun ist. So sei die Konzentration auf das Unbewußte ausgerichtet, und die so ergriffene Gelegenheit wird sich als einmalig erweisen. Gottes Sprache hören wir noch am besten im Schlaf: Jeder weiß am Morgen mehr als abends.

Die Entscheidung
Ohne den Segen höherer Kräfte geht nichts. Eine Entscheidung, die nicht von einem Gebet begleitet wird, bringt sicher nicht den Wandel, der von den Handelnden erhofft wurde. So falte man die Hände, um demütig, aber bereit zur Tat, den Segen zu empfangen.

Die Umsetzung
Je schlichter und einfacher, je stiller und diplomatischer, je umsichtiger und vorsichtiger die Umsetzung vorgenommen wird, um so leichter wird sie zum Abschluß gebracht werden. Ist der Plan begonnen, dann bedarf es keiner erklärenden Worte mehr.

Das Ziel

Aus der Ruhe, der Stille, aus der Besonnenheit und der Abgeklärtheit ist das Ziel zu erreichen, das nicht mehr für uns selbst wichtig ist. Es geht um die folgenden. So wie die Älteren alles für die Jüngeren tun, weil ihnen die Zukunft anvertraut werden muß, so müssen wir bereit sein, am Ende das Zepter abzugeben.

53 Die Warnung

Wer fortschreitet, muß etwas zurücklassen. Je unge-
stümer fortgeschritten wird, um so mehr geht ver-
loren. Keine Zukunft vermag alles das zu ersetzen,
was man ihretwegen geopfert hat. So haben auch die
Kräfte ihre Berechtigung, die meinen, ein langsamer
Fortschritt hilft uns weiter.

Die Zahl »53« steht für das Symbol von Saturn und Mars, wobei
Saturn die Führung übernimmt. Folglich ist bei jeder Frage, die
die Gegenwarts- und die Zukunftsgestaltung angeht, das Aufbe-
gehrende, das Leidenschaftliche zu zähmen, damit nicht wegge-
spült wird, was lange gebraucht hat, um zu reifen und sich zu
entwickeln.

Grundeinstellung der Person
Gedämpfte Leidenschaft, Glut und die nicht verbrennende
Flamme, diese inneren Feuer wärmen lange und haben eine stete,
keine vorübergehende Ausstrahlungswärme. Wer sich das erarbeitet hat, der braucht sich nicht mehr zu sorgen.

Die Verdrängung
Ehrgeiz, der nicht in sich festverwurzelt ist, schießt stets über das
Ziel hinaus. Neben der Selbstschädigung gibt es noch andere
Leidtragende, die man aber nicht wahrnimmt, weil man sich
nicht zur Verantwortung bekennen will. Doch Verdrängtes lebt
in uns.

Der Antrieb

Unausgegorenes muß reifen. Die Zeit hilft dabei, ebenso wie Niederlagen. Die Zeit schafft es, daß wir neuen Antrieb gewinnen, wenn die Niederlagen verarbeitet sind, um so den zweiten Anlauf zu wagen, da nun alte Erfahrungen Hilfe geben können.

Die Entfaltung

Wenn der Elan verebbt, muß deswegen noch nicht die Entfaltung am Ende sein. Diese Erkenntnis ist von den Weisen immer aufgestellt worden. Der Überschwang kann Hindernisse beiseite schieben, aber kaum den Boden systematisch bearbeiten.

Die Gegebenheit

Die Wölfe in einem Menschen drohen ihn aufzufressen, wenn diese Kräfte nicht diszipliniert und für die Aufgaben mobilisiert werden. Ehe diese Gefahr nicht gebannt wird, nutzen selbst beste Gelegenheiten nichts.

Die Entscheidung

Manche Entscheidung wird vorgenommen, wie man mit Würfeln spielt. Alles wird scheinbar dem Zufall, den es so nicht gibt, überlassen. Gelassenheit ist gut, doch wenn diese ermüdet, dann muß die Alarmglocke schrillen. Spätestens jetzt wird die Entscheidung notwendig.

Die Umsetzung

Fördernde Beharrlichkeit, beharrliche Förderung sind ideale Voraussetzungen, die zum Ziel führen können. Aber jede Umsetzung ist, weil von Menschen ausgeführt, mit Fehlern behaftet. So müssen die menschlichen Fehler einkalkuliert werden.

Das Ziel

Eine allmähliche Entwicklung ist das Ziel. Nicht das Ende, das in den Sternen zu stehen scheint. Wer also immer zu hoch zielt, muß mit einer ungeheuren Fehlerquote rechnen. Manche zielen häufig zu hoch und haben Erfolg, manche zu tief – und erzielen am Ende die meisten Treffer.

歸妹

54 Das Herauswachsen

Die Kindheit aufzugeben, fällt vielen Menschen schwer. Dies spürt man dann das ganze Leben hindurch, weil jedes Herauswachsen Kindheitsbedrückungen in Erinnerung ruft. Aber was nicht herauswachsen kann oder darf, das wächst in sich zusammen und erstickt.

Die Zahl »54« steht für das Symbol von Saturn und Jupiter, wobei Saturn die Führung übernimmt. Folglich ist bei jeder Frage, die die Gegenwarts- und die Zukunftsgestaltung betrifft, der Weg zur Mitte zu suchen und zu finden. Entfaltung und Verwurzelung müssen in der Balance bleiben, ohne sich gegenseitig zu hindern.

Grundeinstellung der Person

Die Meinung schwankt, ob diese Personen als gütig oder als streng zu beurteilen sind. Beides ist für sich gesehen falsch, gemeinsam betrachtet richtig. Beide Kräfte, Güte und Strenge, leben in diesen Menschen, die Priester wie Könige sein könnten.

Die Verdrängung

Allzu kluge Menschen leugnen die Himmelskräfte, leugnen die große Schöpferkraft. Wenn dann der Moment des Betens gekommen ist, der immer einmal eintritt, verdrängt man diese Verleugnung und bildet sich ein, trotzdem Hilfe von oben zu bekommen.

Der Antrieb

Selten wird ein Antrieb zu verzeichnen sein. Wie es das Wesen mancher Erleuchteter ist, wird das Endziel immer im Auge behalten, es braucht keinen Antrieb, weil er sich wie ein Perpetuum mobile immer wieder von allein einstellt.

Die Entfaltung

Wer unter Vorsicht versteht, nichts zu wagen, weiß nichts von der inneren Entfaltungskraft. Gewagt muß werden, wobei man nach allen Seiten Ausschau zu halten hat, denn die vier großen Winde kommen aus den vier Himmelsrichtungen.

Die Gegebenheit

Notzeiten sind Glückszeiten, wenn sie sich mit guten Zeiten ablösen. Jeder, der im Wohlstand lebt, benötigt das Wissen, daß alles ganz schnell verlorengehen kann. Unter diesen Gesichtspunkten sind die Gelegenheiten des Handelns zu wählen.

Die Entscheidung

Die grundsätzliche Lebensentscheidung wird im Leben viel zu früh gefordert. Wie man das Leben gestaltet, hängt zumindest in der Jugend auch von anderen ab. So sollten kluge Köpfe darauf achten, daß die Weichen nicht zu früh in eine Richtung gestellt werden.

Die Umsetzung

Der unvermeidbare Wandel zwingt zur ständigen Umsetzung aller anfallenden Aufgaben, Pläne und Gedanken. Dies fordert stete Wachheit. Wachheit bedeutet aber auch im vollen Leben zu stehen, also zu wissen, was wann und wie vollendet werden muß.

Das Ziel

Es zeugt von großer Leistung, wenn jemand sein Ziel ganz allein, scheinbar ohne jede Hilfe, erreicht. Aber erleuchtete Menschen wußten, daß es im Grunde stets auf die Gemeinschaft ankommt, aber auch auf die Gemeinsamkeit der Handelnden mit den Kräften des Himmels, denn wenn ER nicht will, geht nichts.

55 Der Kelch

Wie die Pflanzen ihren ganz individuellen Boden
benötigen, um gut zu gedeihen, so brauchen auch
die Menschen ihre spezielle Erde oder Heimat, um
ihr Leben zu erfüllen. Der Begriff Heimat kann
dabei sowohl ein altes wie ein neues Zuhause bedeu-
ten. Und wie die Pflanzen brauchen die Menschen
auch ihre Perioden des Wachstums und der Ruhe.
Erst dann geht der Kelch so auf, daß er viel zu
empfangen vermag.

Die Zahl »55« steht für das Symbol von Saturn plus Saturn.
Folglich ist bei jeder Frage, die die Gegenwarts- und die Zukunftsgestaltung betrifft, das Bodenständige ganz besonders ins
Kalkül zu ziehen. Aber auch die Treue, die Beständigkeit und in
erster Linie der Faktor Zeit, besonders, wenn uns die Stunde
schlägt.

Grundeinstellung der Person
Festigkeit, die sogar in Sturheit ausarten kann, bestimmt das
Handeln. Aber die Festigkeit hütet auch das Gewesene, die
Tradition, und so werden diese Menschen gerade dann benötigt,
wenn alles auf dem Spiel steht. Die Unerschütterlichkeit gibt
allen starken Halt.

Die Verdrängung

Verdrängung ist nicht zu erwarten, das ist die Stärke dieser Charaktere. Weil sie stets wissen, was ihre Seele bewahrt, und daß nichts verdrängt werden kann, sind sie dank ihrer inneren Kraft besser gerüstet als fast jeder andere in ihrer Umgebung.

Der Antrieb

Merkbar ist er nicht, der Antrieb. Wenn man ihn wahrnehmen will, müßte man einen Millimeterbogen zur Hand nehmen, denn nicht einmal der Blutdruck scheint zu steigen, wenn diese Menschen von einem Impuls angetrieben werden. Dieses Verhalten täuscht oft die Umwelt.

Die Entfaltung

Wenn das Errungene gehalten wird, dann ist das schon eine bemerkenswerte Entfaltung. Manchmal ist das Bewahren wichtiger als der Zuwachs. Diese Erkenntnis kann jedoch erst im Alter angenommen werden. Die Jugend versteht sie meistens nicht.

Die Gegebenheit

Ein lange vorbereiteter Boden kann stets bearbeitet, besät und belastet werden. Dazu gehört aber auch, dem Boden Ruhe zukommen zu lassen. Dies allerdings lernt sich sehr schwer, zumal die Menschen meinen, ihr Leben wäre viel zu kurz.

Die Entscheidung

Zwei gleichwertige Schachspieler können ein Spiel so gut wie nie für sich entscheiden. Das Remis liegt stets in der Luft. Die Zeitabstände von Zug zu Zug werden immer länger, und es besteht die Gefahr, daß bald gar kein Spielzug mehr getan wird.

Die Umsetzung
Alte Bäume verpflanzt man nicht. Alte Menschen auch nicht. Diese uralte Regel besagt, daß diese Umsetzung vorzunehmen ist, je jünger Pflanzen oder Menschen sind, und zwar nicht auf deren Kosten, also ohne die Alten abzuschieben.

Das Ziel
Der Kelch muß offenbleiben, aber er darf nicht übermäßig gefüllt werden. Mehr als ein Gefäß aufnehmen kann, darf man nicht hineingeben, soll es nicht zerbrechen. Auch ist zu bedenken, daß jeder Kelch wie ein Filter wirkt, der das Brauchbare vom Unbrauchbaren scheidet, um das Gefäß gut zu nutzen.

56 Die Planung

*Wer neue Wege beschreiten will, ohne die alten
aufzugeben, der muß genau planen. Philosophisches
Denken muß dem zugrunde liegen. Ein altes Haus
läßt sich leicht abreißen, schwerer ist der Erhalt des
Hauses bei notwendiger Modernisierung. Aber das
Schwere lockt die Klugen mehr als das Leichte.*

Die Zahl »56« steht für das Symbol von Saturn und Merkur,
wobei Saturn die Führung übernimmt. Folglich ist bei jeder
Frage, die die Gegenwarts- und die Zukunftsgestaltung betrifft,
eine Selbstprüfung vorzunehmen, was geleistet werden kann,
was nicht, wann Erwartungen befriedigt, wann sie enttäuscht
werden.

Grundeinstellung der Person
Der Hang zur Philosophie ist zwar eine menschliche Eigenschaft, sie muß aber mit anderen Eigenschaften verbunden
werden, soll ihre Lebendigkeit erhalten bleiben. So darf die
Philosophie nie zum Selbstzweck werden, das wäre fatal.

Die Verdrängung
Wenn Kopflastigkeit alles andere überragt, dann fehlt das Blut in
der Reaktion, dann kann die Seele zu sehr in die Tiefe abgedrängt
werden. Auch wenn dies auf die Dauer nicht gelingt, kann solche
intellektuelle Einseitigkeit zeitweise zu Erstarrungen und Ver-
krustungen führen.

Der Antrieb

Der Kopf produziert Ideen, der Kopf bestimmt den Plan. Aber der Kopf muß auf die Füße schauen, ob diese auch noch fest auf dem Boden stehen oder ob der Kopf die Füße überhaupt noch sieht. Der Antrieb ist hier die Bemühung um das Ganze.

Die Entfaltung

Die Entfaltung baut auf dem Antrieb auf. Sie hat aber nur dann Erfolg, wenn dieser kontinuierlich beibehalten wird. Schnelle Erfolge sind nicht zu erreichen, so bedarf es der Beharrlichkeit und der Analyse, die Grundlage allen Handelns sein sollte.

Die Gegebenheit

Schwierige Ausgangslagen bedingen außergewöhnliche Ideen und Planungen. So ist es schwer, um den richtigen Weg zu ringen. Einer allein kann diese Aufgabe nicht bewältigen, es sei denn, er wäre ein Genie. So bleibt der Rat weiser Männer die Grundlage aller Handlungen.

Die Entscheidung

Der Volksmund meint, daß Philosophen sich nicht entscheiden können. Wer viel weiß, wagt kaum einen Entschluß zu fassen, da immer alle Umstände beachtet und berücksichtigt werden. Aber es gibt Momente, da auf Philosophen zu hören ist!

Die Umsetzung

Man kann eine Tat vorher noch so gut durchdenken, die Folgen sind immer unabwägbar. Daher kann die Theorie auf die Dauer nicht maßgebend sein, denn die Praxis ist das einzig Entscheidende. Theoretiker müssen das oft mit Kummer erleben.

Das Ziel

Grundsätzliche Änderungen sollte es nicht geben. Oft ist es ein Milligramm, daß eine Waage zum Umkippen kommt. Es kommt also oft mehr auf die Kleinigkeiten an, als auf die großen Dinge, die Schlagzeilen machen. Diese Erkenntnis hat sich immer wieder durchgesetzt.

巽

57 Der Eindruck

*Der Wind, das Element Luft, das man nicht sieht,
nur spürt, durchdringt alles, findet seinen Weg
überallhin. Der Wind, als Orkan oder mildes Lüft-
chen, bringt Bewegung, Befruchtung, Leben. Der
Wind erstarrt nie, wandelt sich stets und erregt die
Gedanken. Er bringt den Sauerstoff, der unerläßlich
ist. Wer dies nicht aufnimmt, hat einen falschen
Eindruck vom Leben. Er muß Erfahrungen sam-
meln, um seinen Eindruck zu revidieren.*

Die Zahl »57« steht für das Symbol von Saturn und Uranus,
wobei Saturn die Führung übernimmt. Folglich ist bei jeder
Frage, die die Gegenwarts- und die Zukunftsgestaltung betrifft,
jede Anregung aus der Ferne als belebendes Moment zu berücksichtigen, ist zu bedenken, daß auch das Bewährte sich verändern
muß.

Grundeinstellung der Person
Gegensätze prallen oft in Menschen aufeinander. So hier, wenn
die Erfahrung die Gefahr birgt, zu verkrusten, da urplötzlich
bestimmte Gedanken realisiert werden wollen. So wird der
Mensch hin und her gerissen und muß aufgeschlossen seine
Mitte finden, um zu agieren.

Die Verdrängung

Wer keimendes Leben, dazu gehören auch Ideen und Pläne, verhindert, der begeht im sinnbildlichen Sinn jeweils einen Kindsmord. Wer dem Neuen keine Chancen gibt, stellt sich gegen das Leben. Diese Tatsache zu verdrängen, treibt nur tiefer ins Labyrinth.

Der Antrieb

Der Antrieb des Neuen braucht starke Unterstützung. Wie ein Orkan sollten die Gedanken, die Aufforderungen, das Alte, das morsch zu werden droht, durcheinanderwirbeln, damit nicht nur Neues wachsen, sondern das Alte und Bewährte auch gerettet werden kann.

Die Entfaltung

Wenn der Wirbelwind des Umsturzes durch die alten Mauern fegt, dann ist es zwar Zeit für eine Entfaltung, aber diese muß doch mit Vorsicht in Angriff genommen werden, wobei jedoch zuviel Rücksicht nicht angebracht erscheint.

Die Gegebenheit

Es ist sehr schwer, wenn Gegensätze aufeinanderprallen, die beste Gelegenheit für eine Vereinigung zu finden. Seit Jahrtausenden bemühen sich die Alchimisten darum, wohl wissend, daß aus dem Gegensätzlichen allein das entsteht, was die Menschheit braucht.

Die Entscheidung

Ein Todesurteil zu sprechen, ist genauso fürchterlich wie es zu vollziehen. Doch irgendwie haben wir alle eine Henkerfunktion auszuüben, denn die Entscheidung, etwas zurückzulassen, also sterben zu lassen, bleibt uns im Leben nicht erspart.

Die Umsetzung

Wer den täglichen Herausforderungen begegnen will, der muß sich über den neuesten Stand der Zeit im klaren sein, der muß aber auch beachten, was vom Alten noch notwendig ist. Diese Voraussetzungen muß der erkennen, der etwas realisieren will.

Das Ziel

Wenn das Ziel klar anvisiert ist, scheint es greifbar, doch die Erfahrung zeigt, daß die klarsten Ziele in Wahrheit oft meilenweit entfernt und nicht einfach zu fassen sind. Gerade die Vereinigung von Gegensätzen zu einer fruchtbaren Einheit erscheint oft zu leicht. Darum sind Anstrengungen erforderlich.

58 Die Freundschaft

Das Leben erscheint denen besonders hart, die in sich keine Freude haben. Wer mit Freude arbeitet, mit Freude lebt, dem machen auch größere oder kleine Unannehmlichkeiten nichts aus. Diese Menschen schließen mit den Unannehmlichkeiten Freundschaft und ordnen sie in ihre Existenz ein, aus Dankbarkeit für ihr Leben und wissend, daß der Himmel nicht immer Sonnenschein schenkt.

Die Zahl »58« steht für das Symbol von Saturn und Venus, wobei Saturn die Führung übernimmt. Folglich ist bei jeder Frage, die die Gegenwarts- und die Zukunftsgestaltung betrifft, Freude zu wecken, der Frohsinn zu stärken und allem mit Liebe und Güte zu begegnen. Wer etwas schaffen will, muß froh sein und lachen können.

Grundeinstellung der Person

Das Leben mit Liebe angehen, heißt die Devise für die Handelnden. Dazu gehört auch, das zu lieben, was alt und verkrustet erscheint, die Liebe anzunehmen, die uns steten Prüfungen aussetzt, und alle Hindernisse innerlich als erforderlich anzunehmen.

Die Verdrängung

Liebe und Haß sind oft nah verbunden, da aus verkannter oder abgelehnter Liebe Haß erwachsen kann. Haß jedoch kann ausarten wie die Liebe und zu fatalen Folgen führen. Wird dies verdrängt, dann wird die Seele so verletzt, daß das Menschliche absterben kann.

Der Antrieb

Freudig ist jede Möglichkeit, die das Leben bietet, zu ergreifen. Die Lust am Tun fördert den Antrieb, regt die Menschen an, ihrem und anderer Leben Glanz und Heiterkeit zu geben. Humor kommt aus der Tiefe, und Humor bedeutet, Erfahrungen lachend zu verwerten.

Die Entfaltung

Wenn eine Blüte Sonne und Wärme spürt, nachdem der fruchtbare Regen sie benetzt hat, dann entfaltet sie sich zu ihrer leuchtenden Schönheit. Dann zieht sie die Kräfte an, die befruchtend wirken, und aus der Blüte wird eine Frucht, die allen nutzt.

Die Gegebenheit

Um Schönes zu verbreiten, um Schönes zu schaffen, bedarf es keines günstigen Zeitpunktes, keiner günstigen Ausgangslage. Wer sich selbst eine Freude machen will, bereite sie vorher anderen. Alles Weitere ergibt sich dann von selbst.

Die Entscheidung

Nicht jede Entscheidung muß von uns selbst getroffen werden. Es gibt Menschen, die warten auf eine Entscheidung, weil sie Angst haben, das Falsche zu tun. Wer seine Entscheidungen mit Liebe verwebt, verliert die Angst.

Die Umsetzung

Oft glaubt man, Liebe wäre am leichtesten umsetzbar. Es gibt aber kaum Schwereres. Liebe verlangt Hingabe bis zur Selbstaufgabe, und wer ist dazu bereit, gerade wenn er schon böse Erfahrungen hinter sich gebracht hat. Doch Hingabe muß sein.

Das Ziel

Manche Ziele erscheinen nie erreichbar, weil sie zu idealistisch sind, weil man glaubt, daß letztlich Herzensgüte gewinnt. Die Realität zeigt oft das Gegenteil. Aber das Gegenteil muß als Prüfung verstanden sein, es will ja nur anspornen zum »Trotzdem«. Befreunde dich mit den Widerständen – das hilft.

59 Die Auflösung

Jede Ordnung ist dazu verdammt, einmal zusam-
menzustürzen. Immer wieder heißt es, von vorn
anzufangen. Dies gilt für alle Wesen, alle Menschen,
Erdteile und Reiche, wie das Beispiel Atlantis uns
lehrt. Dann heißt es, die Überreste zu nutzen, um
wieder neues Leben entfalten zu können.

Die Zahl »59« steht für das Symbol von Saturn und Neptun, wobei Saturn die Führung übernimmt. Folglich muß bei jeder Frage, die die Gegenwarts- und die Zukunftsgestaltung betrifft, der Überlebensinstinkt (der eigene wie der der anderen) in jede Planung, jede Verwirklichung von Anfang an miteinbezogen werden.

Grundeinstellung der Person
Es könnte der Gedanke aufkommen, daß manche Menschen schon mit allem abgeschlossen haben. Sie scheinen am Ende, auf alles vorbereitet. Wenn aber dann der entscheidende Moment kommt, dann treibt sie ihr Instinkt, und sie leben auf.

Die Verdrängung
Wer das Leben verdrängt, der begeht eine Sünde; die Kirche sprach einst von Todsünden, wenn man schuldhaft etwas vernichtete. Verständlich, wenn Täter ihre Tat nicht wahrhaben und diese verdrängen wollen, doch dies ist nur ein Zeitaufschub, keine Lösung.

Der Antrieb
Je größer die Gefahr, um so stärker der Lebensantrieb. Sicher können Gefahren auch lähmend wirken, aber nur für eine gewisse Zeit. Der Himmel gab uns eine schier unerschöpfliche Lebenskraft mit, die erst an den Tagen erlahmt, wenn alle Hoffnung erloschen ist.

Die Entfaltung
Viele Entfaltungen sollten in Grenzen gehalten werden, besonders dann, wenn eine Auflösung droht. Der Wille zur Entfaltung muß über den Wunsch dazu weit hinausgewachsen sein, sonst könnten sich Täuschungen einstellen, die die Handelnden total verwirren.

Die Gegebenheit
Einschränkung ist wie ein langsamer Abschied. Dies Wort eines alten Einsiedlers, der sich aus der Gemeinschaft friedlich zurückgezogen hatte, bevor er über seine Auflösung meditierte, mahnt diejenigen, die meinen, sie behielten bis zum Ende alle Möglichkeiten.

Die Entscheidung
Es gibt Menschen, die sich schwertun, wenn sie eine Entscheidung treffen sollen. Manche mögen sich überhaupt keiner Entscheidung stellen und warten einfach ab. Kommt Zeit – kommt Rat. Das ist schon wahr, nur: der Rat kommt dann ohne eigenes Zutun zustande.

Die Umsetzung
Wenn die Küken groß geworden sind, dann werfen die Eltern sie aus dem Nest, sie müssen allein mit ihrem Leben fertig werden. Eltern wollen die Kindern gern auf ewig behalten und versäumen es, sie abzunabeln. Diese Kindern lernen die Umsetzung nie.

Das Ziel

Das Ziel ist der ewige Neuanfang. Hier stehe ich, ich kann nicht anders, und wenn es nicht geht, dann beginne ich von vorn. Und bricht die Welt zusammen, bin ich bereit, sie wieder aufzubauen. Die Welt hat mich geboren, also habe ich der Welt gegenüber eine Verpflichtung, und diese Verpflichtung zu erfüllen, ist das Ziel.

60 Die Grenze

Alles hat seine Grenzen. Das Meer, der See, der Fluß. Das Tal, die Berge, das Land. Grenzen vereinigen Gegensätze. Auch jeder Mensch hat seine Grenzen und stößt daran. Einmal muß er abstoppen, ein andermal kann er versuchen, die Grenzen zu überqueren. All das hängt von seinem Verstand und seiner Durchsetzungskraft ab.

Die Zahl »60« steht für das Symbol von Merkur und Pluto, wobei Merkur die Führung übernimmt. Folglich ist bei jeder Frage, die die Gegenwarts- und die Zukunftsgestaltung betrifft, zu prüfen, ob der Verstand den Durchsetzungswillen umsetzen oder – noch besser – im Zaum halten kann.

Grundeinstellung der Person

Das unklare Wollen ist sehr stark ausgeprägt. Immer wieder bricht es hervor. Andererseits gibt es aber auch eine Intelligenz, die dieses nebelhafte Wollen in klare Bahnen zu lenken bemüht ist. Es kann ein Leben dauern, ehe dieser Kampf entschieden ist.

Die Verdrängung

Leicht machen es sich diejenigen, die ihre dunklen Triebe einfach leugnen. Sie glauben, sie mit Vernunft beherrschen zu können: So verdrängen sie, was nicht sein darf. Die Folge kann sein, daß die verdrängten Triebe im ungeeigneten Moment aus ihnen herausbrechen und ihr Leben zerstören.

Der Antrieb

Die Pläne sind groß, der Machttrieb noch größer. So bedarf es einer geschulten Intelligenz, um dies in zivilisierte Bahnen zu lenken. Es gelingt, wenn der Antrieb gezähmt wird, damit der Trieb nicht mit Urkraft losbricht und alles begräbt.

Die Entfaltung

Bei der Entfaltung müssen Gesetze und Ordnungen sehr genau beachtet und eingehalten werden. Es darf keine Anarchie ausbrechen, weil diese kaum mehr zu bannen ist. Nicht immer wächst neues Leben aus Ruinen. Beweis: die Ruinen des Altertums.

Die Gegebenheit

Nur wenn Verstand und Durchsetzungswille auch fest in den Traditionen verwurzelt sind, dann erscheint die Gegebenheit günstig. Ohne bewährte Erfahrung geht nichts, und schon manche scheinbare Gelegenheit erwies sich später als Illusion.

Die Entscheidung

Man sollte bedenken, daß es Entscheidungen gibt, die nicht nur nicht zurückgenommen werden können, sondern auch nicht mehr gutzumachen sind. Man muß wissen: Eine einmal gezündete und abgeschossene Rakete ist nicht mehr aufzuhalten.

Die Umsetzung

Feinfühlig, taktvoll und diplomatisch sollte die Umsetzung vorgenommen werden, doch wenn Fanatismus sie antreibt, ordnet sich eine plutonische Kraft nicht immer zivilisierten Vorstellungen unter. Daher können nur nüchterne, erfahrene Menschen diese Kraft nutzen.

Das Ziel

Selbstüberwindung muß am Ende das Ziel heißen: Nicht alles, was zu erreichen möglich wäre, auch erreichen zu wollen. Verzicht zu lernen, obwohl viel Beute lockt. Zurückstecken und nachgeben. Dies alles ist das Ziel, dem nur die wenigsten, die von ihrem Machtanspruch getrieben werden, gewachsen sind.

61 Das Erkennen

Stets müssen Menschen – symbolisch – einen großen Fluß überqueren, wollen sie an ein neues Ufer kommen. Diejenigen, die das sichtbar tun, sind die Vorbilder, die die Menge sucht, um Mut zu fassen und die angeborene Lethargie zu überwinden. Die Menschen brauchen ihre Helden, ihre Schurken, ihre Dummen und ihre Denker... So fühlen sie sich in der Mitte des Ganzen.

Die Zahl »61« steht für das Symbol von Merkur und Sonne, wobei Merkur die Führung übernimmt. Folglich ist bei jeder Frage, die die Gegenwarts- und die Zukunftsgestaltung betrifft, das persönliche Wirken der Menschen zu untersuchen, mit denen eine dauernde Ehe-, Freundschafts- oder Geschäftsbindung eingegangen werden könnte.

Grundeinstellung der Person
Die Sicherheit ist bemerkenswert. Nicht so überzeugend wie der Stolz anderer, aber auf die Dauer vertrauenerweckender. Diese Handelnden sind klug und bedacht, aber auch munter und schnell, sie haben Vertrauen zu sich, und das übertragen sie auf die Umwelt.

Die Verdrängung
Ans Ziel gekommen, ruht man sich gerne aus. Doch dann kommen die Schatten der Tiefe, die sagen, welche Schwierigkei-

ten man nur mit Hilfe anderer überwunden hat. War dies nicht schon verdrängt worden, um ja nicht in die Verlegenheit zu kommen, danke sagen zu müssen?

Der Antrieb
Alles ist berechenbar, also auch der Impuls, der Trieb. Der Mensch wurde zur Maschine, sein Vorbild der Computer. Was logisch ist, das gilt – alles andere ist zu vergessen. Auch die Liebe, auch das Mitfühlen? Emotionen sind leider unberechenbar.

Die Entfaltung
Wenn eine Maschine gekauft wird, ist von vornherein klar, wann sie abgeschrieben ist, wann sich ihr Kauf gelohnt hat, wann eine neue eingekauft werden muß. Diese managerhafte Entfaltung hat sicher ihre Vorteile; ein Weg zur Menschlichkeit ist sie nicht.

Die Gegebenheit
Der Kopf tippt einige Daten ein, und der Freund Computer spuckt in Sekundenschnelle aus, wann was, wie und wo etwas günstig einzuleiten ist. Sicher gibt es auch Fehler; Gegebenheiten werden versäumt, aber es ist nur eine Frage der Zeit, bis dies geordnet ist.

Die Entscheidung
Die wahren, maßgeblichen Entscheidungen kommen heute aus Analysen. Ob von Partner- oder Markt- oder Psychoanalysen, das spielt keine Rolle. Da der Mensch sich selbst nicht mehr vertraut, hat er auch kein Vertrauen zu persönlichen Entscheidungen.

Die Umsetzung
Hier wird der Mensch gar nicht mehr benötigt. Er gibt alles in Rechner ein, läßt den Strom an, geht nach Hause, sieht fern und geht zu Bett. Überschlafen wird nichts mehr, die Maschinen schlafen nicht. Am Morgen ist alles dann in neuer bester Ordnung.

Das Ziel

Es heißt: mehr Freiheit und weniger Verantwortung. Diese Gefahr muß gesehen werden. Wir entlasten die Köpfe, weil die Probleme zu groß geworden sind, wir entmündigen uns, um es wieder gut zu haben, wie damals in Mutters Schoß. Aber diese neun Monate werden ja heute auch schon vor- und nachberechnet.

62 Das Ausufern

Wenn das Gesetz der Beschränkung als altmodisch, überholt oder zu konservativ abgelehnt ist, besteht die Gefahr der Ausuferung. Auch Freiheit kann ausufern, wenn die Disziplin, die Menschen neben sich wahrzunehmen und ihnen mit Rücksicht zu begegnen, nicht mehr Allgemeingut der Erziehung und Lebenshaltung ist.

Die Zahl »62« steht für das Symbol von Merkur und Mond, wobei Merkur die Führung übernimmt. Folglich ist bei jeder Frage, die die Gegenwarts- und die Zukunftsgestaltung betrifft, zu versuchen, das Denken und Handeln mit der Seelenlage und dem Gemüt zu harmonisieren, damit keine innere Zerrissenheit die Probleme erschwert.

Grundeinstellung der Person
Phantasie ist vorhanden, jedoch auch die Gefahr, in einer Traumwelt zu leben, die sich in der Realität als brüchig erweisen mag. Aber die Vernunft, das Leben real zu sehen, besteht gleichwertig daneben, so daß manche emotionellen Reaktionen zwiespältig erscheinen.

Die Verdrängung
Einmal werden die Launen, dann die reine Vernunft bevorzugt, das heißt, irgend etwas wird immer verdrängt. Wer dies nicht durchschaut, wird kaum zur eigenen Persönlichkeit finden. Es

geht also darum, sich das Verdrängte bewußt zu machen und es auszuleben.

Der Antrieb
Dieser hängt von der Gemütslage ab oder dem, was die Umwelt als Laune empfindet. Eine gewisse Unsicherheit entspringt einer unsteten Gemütslage, die einmal himmelhoch jauchzend, einmal trübsinnig erscheint. So besteht die Gefahr des ungeordneten Antriebes.

Die Entfaltung
Entscheidend ist, welche Kraft führt, die Vernunft oder das Kreative. Sind beide vereint, dann sind große Erwartungen berechtigt. Gelingt die Vereinigung nicht, dann bleibt der Zustand des ewig Suchenden erhalten, mit der Gefahr, sich durch Ersatz wie Drogen zu trösten.

Die Gegebenheit
Eine der gängigsten Ausreden in der Menschheitsgeschichte lautet: »Ich habe vergeblich auf eine günstige Gelegenheit gewartet. Ich hätte ja, wenn...« Diese Ausrede darf jedoch in keiner Situation kultiviert werden, weil man am Ende selbst daran glaubt.

Die Entscheidung
Oft ist es hilfreich, wenn einem Entscheidungen aufgezwungen werden. Das bedeutet, daß manche Menschen durch Entzug von Gütern, ja durch Armut, Verlust oder Krankheit gezwungen werden müssen, zu sich zu finden. Ein leichter Weg hilft ihnen nicht.

Die Umsetzung
Wenn der Zwang dahintersteht, das Muß, das Jetzt oder Nie, dann wird auch die Umsetzung gelingen, weil die Seele den SOS-Ruf erkennt und das Denken aktivieren kann. Aber eine kritische Selbstkontrolle ist immer noch angebracht – bis zum Ende.

Das Ziel

Das Ziel ist klar: Es heißt, die Einheit zu finden zwischen der Seele, die sehr alt sein kann, und dem Verstand, der sehr jung sein mag. Gelingt dies, dann wird hier eine schöpferische Kraft geboren, die zu beeindruckenden, kreativen Handlungen führt, so daß Werke der Unsterblichkeit entstehen.

既濟

63 Die Philosophie

Die Schärfe des Verstandes kann die Rätsel der Erde und des Kosmos nur in beschränktem Maß lösen, da der Mensch soviel Göttliches in sich trägt, was mit der logischen Philosophie nicht zu erläutern ist, wie nichts im Leben voll berechenbar sein kann. Auch das sicherste Schiff kann untergehen, das beste Flugzeug abstürzen. Ein Kapitän muß das Unberechenbare einkalkulieren.

Die Zahl »63« steht für das Symbol von Merkur und Mars, wobei Merkur die Führung übernimmt. Folglich ist bei jeder Frage, die die Gegenwarts- und die Zukunftsgestaltung betrifft, der Verstand zu schärfen. Jede Handlung ist mit Einsatz und persönlichem Mut zu absolvieren, weil nur so aufkommende Gefahren zu meistern sind.

Grundeinstellung der Person

Energie ist vorhanden, ebenso wie der Wille, sich durchzusetzen. Der Verstand reagiert schnell und witzig, aber auch verletzend. Der Mensch glaubt fest an die gute Sache, für die er sich einsetzt, und übersieht dabei oft, daß eigener Ehrgeiz die Haupttriebfeder ist.

Die Verdrängung
Hindernisse werden mit Verve beseitigt. Der Elan duldet keinen Widerstand. Nur können auch Menschen Hindernisse darstellen. Hat man sie beseitigt, meldet sich das Gewissen. Aber meist setzt eine Verdrängung ein, und es meldet sich zu spät.

Der Antrieb
Er ist nicht zu übersehen. Einmal wird er angekündigt, weil der Wille schon für den Erfolg gehalten wird; dann wird der Antrieb einer Aggression vorweggenommen, die alles überrollen soll, damit das Ziel schnellstens erreicht werden kann – ohne Rücksicht auf Verluste.

Die Entfaltung
Hier sollte spätestens das Tempo gedrosselt werden, denn jeder – auch wenn es nicht geglaubt wird – benötigt Hilfe, Helfer und Ratgeber. Leider haben sie sich meist verschreckt zurückgezogen und warten, bis sie nun bittend gerufen werden.

Die Gegebenheit
Auf eine Gelegenheit, seine Ideen, seinen Willen in die Tat umzusetzen, muß man nicht warten. Damit könnte Zeit verlorengehen, die kostbar ist. Warten hat man nicht gelernt, daher findet man höchst selten die richtige Gegebenheit, obwohl es auf die Sekunde ankommt.

Die Entscheidung
An Entscheidungsfreude mangelt es nicht, auch nicht am Mut, etwas in Bewegung zu setzen. Nur sind diese Entscheidungen meist sehr einseitig, daher stoßen sie zwar nicht auf direkten Widerstand, aber eine taktische Verzögerungsmentalität bremst doch.

Die Umsetzung

Es hat keinen Sinn, man muß sich arrangieren. Allein schafft es der jugendliche Elan nicht, der auch noch in älteren, ja alten Personen leben kann. Aber wenn der Mensch jetzt nicht erkennt, daß er nicht allein auf der Welt lebt, geht alles verloren.

Das Ziel

Man hat sehr hoch gegriffen, und ein Ziel führt zum anderen. Dazu ist es notwendig, eine Ordnung in der Zielwahl vorzunehmen, wobei zuallererst das Mögliche vom Notwendigen getrennt werden sollte, damit Konzentration und Vernunft beim Endspurt wenigstens halbwegs mit eingebracht werden können.

64 Der Zieltraum

Wenn der Fuchs den Fluß überquert hat, dann meint er, der Gefahr entronnen zu sein. Irrtum! Auch andere können Flüsse überqueren. So verhält es sich auch bei den Menschen. Gefahren lauern bis zum Ziel – das heißt: Ruhe bewahren und sich nicht kurz davor ablenken lassen, etwa dadurch, daß man sich zu häufig nach den Mitbewerbern umschaut, die einen verfolgen.

Die Zahl »64« steht für das Symbol von Merkur und Jupiter, wobei Merkur die Führung übernimmt. Folglich ist bei jeder Frage, die die Gegenwarts- und die Zukunftsgestaltung betrifft, die Zielvision im Auge zu behalten. Es ist stets zu überlegen, welchen Sinn das Tun, welchen Zweck die Entfaltung haben müßte.

Grundeinstellung der Person
Großes wollen viele. Aber dem Großen mit Wort und Tat nachzustreben, das vermag nicht jeder. Hier ist die Kraft der sinnvollen Entfaltung gegeben, da auch die Kleinigkeiten nie außer acht gelassen werden und über das Ziel hinaus gedacht wird.

Die Verdrängung

Es gibt – selten zwar –, aber es gibt Personen, die verdrängen nicht. Diese Menschen lernen aus den Fehlern, lernen aus ihrer Scham und überwinden sich selbst. Diese so erlangte Stärke wiegt viele Schwächen und Fehler auf, gibt Kraft und Ausstrahlung.

Der Antrieb

Nicht jedem Antrieb muß gefolgt werden, wenn aber das Ziel hoch genug und sinnvoll ist, dann gestalte man diesen Antrieb mit soviel überlegtem Schwung, daß die Umwelt spürt, hier steckt mehr dahinter als egozentrischer Wille, hier sind Ideale im Spiel.

Die Entfaltung

Diese entfaltende Kraft steckt die Umgebung an. Freunde und auch Fremde werden mitgerissen. Der Funke kann so stark auf andere überspringen, daß ein Feuer entfacht wird, das die Leidenschaft versinnbildlicht, die für eine Aufgabe nötig ist.

Die Gegebenheit

Entfaltung wird durch den Antrieb ausgelöst, aber die richtige Gelegenheit sollte doch abgewartet werden. Oder anders: Man prüfe, ob die Zeit reif ist. Auch Tiere gehen erst auf Jagd, wenn sie Hunger spüren, und sie jagen nie mehr, als sie verdauen können.

Die Entscheidung

Hier kommt es nun wirklich auf den Moment der Reife an. Dieser Moment wird nicht nur von der Gegebenheit geprägt, sondern auch von der Rücksicht auf die Umwelt. Keine Entscheidung darf so messerscharf sein, daß Bindungen über Nacht zerschnitten werden.

Die Umsetzung

Instinkt und Intuition weisen den Weg. Vernunft und Einsicht in den Sinn der Aufgabe helfen, diesen Weg zu beschreiten und bis zum Ende zu gehen. Dies verlangt jedoch, nur leichtes Gepäck mitzunehmen, wenn der Weg weit und mühsam ist.

Das Ziel

Mag auch manches Ziel unerreichbar in den Sternen liegen, es schadet nichts, diese Sterne ins Zielvisier zu nehmen. Sie selbst sind zwar nie das Ziel, aber sie vermitteln uns eine Zielvision, die diejenigen haben müssen, die als leuchtende Vorbilder ihrer Zeit ihre Aufgabe für alle zu erfüllen haben.

Literaturverzeichnis

Guy Damian Knight: I GING der Liebe, Falken, Niedernhausen 1986

C. G. Jung mit *R. Wilhelm:* Das Geheimnis der goldenen Blüte, Rascher, Zürich 1957

Jean Michel de Kermadec: Lehrbuch der chinesischen Astrologie, Ebertin, Freiburg 1983

Bernd A. Mertz: Grundlagen der Klassischen Astrologie, Goldmann, München 1989

Bernd A. Mertz: Die Magie der Zahlen, Falken, Niedernhausen 1987

Hans-Hasso von Veltheim-Ostrau: Der Geist Asiens, Claasen, Düsseldorf 1976

Richard Wilhelm: I GING. Das Buch der Wandlungen, Diederichs, München 1956/58